Enzo Di Salvatore

Germania

Scritti di diritto costituzionale

Galaad Edizioni

www.galaadedizioni.com

ISBN 978-88-98722-03-7

INDICE

Avvertenza

Il presente volume si compone dei seguenti scritti: *Il* Bundesrat *tedesco nella evoluzione dello Stato federale*, in AA.VV., *Un Senato delle autonomie per l'Italia federale*, a cura della Presidenza della Provincia di Roma e con il coordinamento scientifico di Stelio Mangiameli, Edizioni Scientifiche Italiane, Napoli, 2003; *La potestà legislativa derogatoria dei* Länder *tedeschi*, in *Scritti in onore di Antonio D'Atena*, Giuffrè, Milano, 2014; *La Germania e il processo di integrazione europea* (inedito); *Giudici e* Richterrecht [*tedesco*] *nell'evoluzione della forma di Stato*, in *Esperienze di diritto vivente. La giurisprudenza negli ordinamenti di diritto legislativo*, I, a cura di Massimo Cavino, Giuffrè, Milano, 2009; Ernst Jünger *e la questione dello Stato mondiale*, in *Teoria del diritto e dello Stato*, 1-2/2011.

Un grazie sentito al prof. *Stelio Mangiameli* per gli anni di affettuoso insegnamento (e per avermi fatto amare il diritto costituzionale tedesco); a *Maurizio Calenti* per la bella copertina e l'elaborazione grafica; al piccolo (ma grande) *Andrea Calenti*, che con la sua fantasia ha impreziosito il volume; a *Paola Vagnozzi* e *Paolo Ruggieri* per gli imprescindibili suggerimenti e la pubblicazione.

Talvolta, nel più profondo avvilimento, ci coglie l'orgoglio della nostra origine divina. È un momento di beatitudine. Non sogno o ricordo d'infanzia e non paradiso, ma un'immagine della più intensa simultaneità di secoli di storici sforzi, nei quali, con il povero lavoro della nostra vita, noi stessi ci troviamo. Udiamo il contenuto delle discussioni di tutta un'epoca in parole chiare e semplici, e vediamo la nostra propria realtà nell'attimo in cui troviamo una concreta collocazione e angolazione. Un solo attimo, e noi sappiamo dove propriamente siamo, donde veniamo e dove va il nostro doloroso cammino.

CARL SCHMITT, *Ex Captivitate Salus. Esperienze degli anni 1945-47*, 1950

a Graziella
che in Germania prese a camminare

1.

Il Bundesrat *tedesco nella evoluzione dello Stato federale*

1. *Stato federale e* Bundesrath *nella* Reichsverfassung *del 1871*

In Germania, l'esperienza costituzionale del *Bundesrat* è intimamente legata alle vicende storiche che hanno attraversato il federalismo tedesco e si spiega soltanto alla luce della evoluzione che la forma di Stato ha conosciuto a partire dal 1871, allorquando, cioè, gli Stati della Confederazione del Nord, assieme alla *Baviera,* al *Württemberg,* al *Baden* e all'*Assia renana,* vennero riuniti da *Bismarck* nel secondo Impero tedesco[1].

---

[1] Per una efficace esposizione delle vicende che condussero alla nascita del II *Reich* v. per tutti H. BOLDT, *Deutsche Verfassungsgeschichte. Von 1806 bis zur Gegenwart,* 2, 2. Aufl., München, 1993, 168 ss.; più diffusamente K. STERN, *Das Staatsrecht des Bundesrepublik Deutschland. Die geschichtlichen Grundlagen des Deutschen Staatsrechts. Die Verfassungsentwicklung vom*

11

Con la nascita del II *Reich*, infatti – e nonostante la Carta costituzionale si affrettasse a qualificare l'Impero come «Federazione perpetua»[2] – la Germania assumeva per la prima volta i tratti di un vero e proprio *Bundesstaat*[3],

Alten Deutschen Reich zur wiedervereinigten Bundesrepublik Deutschland, V, München, 2000, 329 ss.

[2] Il testo può essere letto in G. DÜRIG-W. RUDOLF, *Texte zur deutschen Verfassungsgeschichte*, München e Berlin, 1967, 110; cfr., però, anche la versione italiana riprodotta in L. PALMA, *Testi delle principali Costituzioni moderne*, in *Biblioteca di Scienze politiche e amministrative*, a cura di A. Brunialti, II, II serie, Torino, 1894, 767, ove la locuzione «*ewigen Bund*» viene tradotta con «Confederazione perpetua»: «Sua Maestà il Re di Prussia, in nome della Confederazione germanica del Nord, Sua Maestà il Re di Baviera, Sua Maestà il Re del Württemberg, Sua Altezza Reale il Granduca di Baden e Sua Altezza Reale il Granduca dell'Assia renana, per la parte del Granducato d'Assia, posto a Sud del Meno, hanno stabilito una Confederazione perpetua per la protezione del territorio federale e del diritto che vi è in vigore, come pure per assicurare la prosperità del popolo tedesco. Questa Confederazione prenderà il nome d'Impero tedesco [...]».

[3] Secondo quanto riteneva la dottrina dominante, la conclusione muoveva dal presupposto che mentre il *Bundesstaat* avesse una unità organizzata, dotata di *juristische Personalität*, e cioè di «*eigene Herrschaftsrechte*» e di una «*selbständigen Herrschaftswillen*», lo *Staatenbund* poggiava la propria esistenza sul *Rechtsverhältnis* esistente tra differenti e autonomi Stati sovrani ed accedeva, pertanto, ad uno schema di diritto internazionale. Nel caso del *Reich* del 1871, più di un elemento provava l'assunto per cui si trattasse di una vera unità statale e, nello specifico, di un *Bundesstaat*: anzitutto, il fatto che la volontà del *Reich* trovasse espressione attraverso propri organi e non attraverso *gemeinschaftliche Organe*, come invece era stato, per esempio, nel caso del *Zollparlament* (previsto per la *Zollverein*) del 1867: in questo caso, infatti, l'art. 7 del ZV definiva siffatto organo come «*die gemeinschaftliche Vertretung der Bevölkerungen*»; in secondo luogo, la circostanza che le decisioni in ordine all'estensione delle competenze proprie del *Reich* dovessero essere prese a maggioranza e non all'unanimità, come era deducibile dalla disposizione dell'art. 87; in terzo luogo, il fatto che, secondo quanto disponeva l'art. 2 della *Reichsverfassung*, le leggi del *Reich* avessero la precedenza su quelle di ciascuno Stato: così P. LABAND, *Das Staatsrecht des Deutschen Reiches*, 1, 5. Aufl.,

come stavano a dimostrare sia lo specifico assetto politico costituzionale dello Stato disegnato dalla *Reichsverfassung*, sia la circostanza che la stessa Costituzione imperiale, ponendo tra gli scopi del *Bund* la garanzia «della prosperità del popolo tedesco», desse finalmente rilievo all'elemento del *Volk*[4].

Tuttavia, al di là di ogni altra questione che direttamente o indirettamente si ricollegava alla qualifica del *Reich* quale *Bundesstaat*[5], la forma dello Stato impressa dalla *Reichsverfassung* del 1871 conteneva una peculiarità che allontanava l'esperienza costituzionale tedesca da ogni altra esperienza europea dell'epoca[6].

L'impalcatura del *Reich* tedesco poggiava su due pilastri fondamentali: la solidarietà tra i sovrani della Federa-

---

Tübingen, 1911, 55 ss., 88 ss.

[4] Sottolinea il punto V.E. ORBAN, *La dynamique de la centralisation dans l'État fédéral: un processus irréversible?*, Montréal, 1984, 236.

[5] Come ad esempio quella relativa alla spettanza della sovranità (il *Bund*, gli Stati membri, entrambi congiuntamente) e, per conseguenza, dell'organo, *Träger* del potere statale (il *Bundesrath*, il *Reichstag*, ecc.): per le differenti opinioni al riguardo cfr. L. PALMA, *Le Costituzioni dei popoli liberi*, in *Biblioteca di Scienze politiche e amministrative*, cit., 325 ss.; ma sul punto criticamente G. JELLINEK, *La dottrina generale del diritto e dello Stato*, trad. it., Milano, 1949, 128 s., per il quale «titolare o portatore del potere statale è lo Stato stesso, e nessun altro».

[6] È nota la critica rivolta a tal proposito da R. SMEND, *Ungeschriebenes Verfassungsrecht im monarchischen Bundesstaat*, in *Festgabe für Otto Mayer zum 70. Geburtstag*, Tübingen, 1916, 245 ss., ora in *Staatsrechtliche Abhandlungen und andere Aufsätze*, 2. erw. Aufl., Berlin, 1968, 39 ss., 40, secondo cui la *Reichsverfassung* non si configurava quale atto costituzionale redatto nello stile tipico delle Costituzioni del XIX secolo. Per tale dottrina, essa si configurava più propriamente quale «*diplomatischen Aktenstück*». Tale conclusione poggiava «*z. T. auf ihre undemokratisch-diplomatischen Entstehung, z. T. auf dem fortdauernden Wesen des monarchischen Bundesstaats*».

zione e l'omogeneità nazionale del popolo tedesco[7], come stava a provare, per esempio, la differente disciplina costituzionale dettata per il *Reichstag* e per il *Bundesrath*.

E infatti, mentre il *Reichstag* era un organo di derivazione popolare, e perciò espressione del principio democratico, il *Bundesrath* era un organo composto da «rappresentanti di ciascuno Stato facente parte della Federazione», e perciò espressione del principio dinastico, i cui membri sedevano non a titolo proprio, ma in quanto delegati degli Stati membri, e la cui attività, diversamente da quella dei deputati presenti nel *Reichstag,* era vincolata alle istruzioni impartite dal governo dello Stato di provenienza.

Il compromesso tra principio dinastico e principio democratico, che nella costruzione federale di *Bismarck* avrebbe dovuto porre un freno alla parlamentarizzazione del sistema[8], provocava, nei fatti, almeno due conseguenze.

In primo luogo, la tensione latente tra i due divergenti principi si riverberava anche sulla forma di governo, conferendole tratti di assoluta originalità. Secondo quanto prevedeva l'art. 5 RV, infatti, «il potere legislativo [veniva] esercitato dal *Bundesrath* e dal *Reichstag*». La qual cosa comportava che si addivenisse di fatto a una commistione tra i poteri dello Stato (federale)[9], in quanto tale previ-

---

[7] C. SCHMITT, *Staatsstreichpläne Bismarcks und Verfassungslehre* (1929), in *Verfassungsrechtliche Aufsätze aus den Jahren 1924-1954. Materialen zu einer Verfassungslehre*, 2. Aufl., Berlin, 1973, 29 ss., 30.

[8] E. KAUFMANN, *Bismarcks Erbe in der Reichsverfassung*, Berlin, 1917, 22 s.

[9] Sul punto v. anche più oltre, § 1.3; v., inoltre, F. LANCHESTER, *Le Costituzioni tedesche da Francoforte a Bonn. Introduzione e testi*, Milano, 2002,

sione rendeva possibile una partecipazione degli esecutivi degli Stati membri all'esercizio della funzione legislativa del *Reich*[10].

Senza contare che la separazione tra potere legislativo e potere esecutivo avveniva *verticalmente,* poiché mentre l'attività del *Reichstag* e del *Bundesrath* era sostanzialmente circoscritta all'esercizio della sola funzione legislativa, l'esercizio del potere esecutivo veniva portato fuori dal *Reich* e demandato alla competenza degli Stati membri[11]. Di modo che, a conti fatti, l'elemento dinastico finiva per essere presente sia nella fase legislativa, sia in quella esecutiva.

In secondo luogo, gli effettivi rapporti di forza tra gli organi costituzionali trovarono una loro naturale composizione più nella *Verfassungsrealität* che nella lettera (chiarificatrice) della Costituzione[12]. Per tale via, il principio

---

36 ss.; in argomento v. comunque le considerazioni di E. R. HUBER, *Deutsche Verfassungsgeschichte seit 1789. Bismarck und das Reich*, III, Stuttgart, Berlin e Köln, 1963, 850.

[10] Con la conseguenza che la stessa dottrina dell'epoca finì allora per interrogarsi sulla natura giuridica del *Bundesrath*, chiedendosi, cioè, se esso fosse realmente partecipe del sistema parlamentare del *Reich*, in modo analogo a quanto accadeva nelle Costituzioni degli stessi Stati membri (cfr. ad es. gli artt. 62 ss., Titolo V, Cost. Prussia del 31 gennaio 1850; gli artt. 1 ss., Titolo VI, Cost. Baviera del 26 maggio 1818; gli artt. 61 ss., Titolo VII, Cost. Sassonia del 4 settembre 1831; gli artt. 124 ss., Titolo IX, Cost. Württemberg del 25 settembre 1819) o se, invece, ne stesse fuori: sulle differenti tesi affacciate v. P. LABAND, *Das Staatsrecht*, cit., 235 s.

[11] Cfr. S. OETER, *Integration und Subsidiarität in deutschen Bundesstaatsrecht. Untersuchungen zu Bundesstaatstheorie unter dem Grundgesetz*, Tübingen 1998, 30.

[12] Cfr. C. SCHMITT, *Staatsstreichpläne Bismarcks*, cit., 31, secondo cui «*die Verdoppelung der Grundlage konnte eine Stärkung und Festigung der deutschen Einheit, aber auch das Gegenteil sein*».

democratico fu progressivamente svuotato da quello dinastico e quest'ultimo a sua volta utilizzato per rafforzare l'egemonia prussiana all'interno del sistema; ciò soffocò l'elemento federale e fece emergere quello unitario[13] già insito nel disegno costituzionale[14]. Con la conseguenza che tanto il *Reichstag* quanto il *Bundesrath* vennero, nel loro insieme, delegittimati[15] e ridotti a un «apparato di consenso, peraltro mal tollerato, di una burocrazia dominante»[16].

1.1. *I membri del* Bundesrath

Secondo quanto stabiliva l'art. 6 RV, il *Bundesrath* si componeva di rappresentanti di ciascuno Stato facente

---

[13] G. ANSCHÜTZ, *Der deutsche Föderalismus in Vergangenheit, Gegenwart und Zukunft*, in *Der deutsche Föderalismus*, VVDStRL, 1, Berlin e Leipzig, 1924, 11 ss., 14.

[14] K. STERN, *Das Staatsrecht*, cit., 407.

[15] E. R. HUBER, *Deutsche Verfassungsgeschichte*, cit., 849, il quale, pur affermando che nel disegno costituzionale il più alto organo del *Reich* «*sollte* [...] *weder der Kaiser noch der Reichstag, sondern der Bundesrat sein*», precisa che «*in der Verfassungswircklichkeit aber trat der Bundesrat, so gewichtig seine Rechte und sein politischer Einfluß auch blieben, doch mehr und mehr in die zweite Linie zurück*»; cfr., inoltre, C. HEITSCH, *Die Ausführung der Bundesgesetze durch die Länder*, Tübingen, 2001, 64 s., il quale ricorda come dopo il 1890 il *Bundesrath* «perse il suo peso generale» all'interno del sistema. Ma che comunque continuò a incarnarsi in una «barriera federale contro una parlamentarizzazione del *Reich*», in un «argine di protezione dei Monarchi in caso di conflitto».

[16] M. WEBER, *Parlamento e governo nel nuovo ordinamento politico della Germania. Per la critica della burocrazia e del sistema dei partiti*, in ID., *Parlamento e governo nel nuovo ordinamento della Germania e altri scritti politici*, trad. it., Torino, 1982, 64 ss., 79.

parte della Federazione (art. 6, comma 1)[17]. Ogni Stato avrebbe potuto nominare in seno all'organo tanti delegati quanti erano i voti che la Costituzione gli attribuiva, in misura proporzionale alla popolazione presente sul proprio territorio. Così, per esempio, mentre la Prussia disponeva di 17 voti (compresi quelli degli Stati di Hannover, Assia elettorale, Holstein, Nassau e Francoforte), la Baviera ne contava 6, la Sassonia 4, il Baden e l'Assia 3, il Mecklenburg-Schwerin e il Brunswick 2 e tutti gli altri 1[18]. In ogni caso, i rappresentanti dello Stato membro avrebbero dovuto rendere il proprio voto secondo le istruzioni impartite dal rispettivo governo[19] e in modo unitario, poiché il relativo diritto[20] era attribuito allo Stato in sé e non anche al singolo delegato[21].

Alla luce di ciò resterebbe inoltre spiegata anche la previsione posta dall'art. 7, comma 2, RV, secondo cui i voti «non rappresentati o non istruiti» non sarebbero stati computati; con l'ulteriore conseguenza che solo qualora il rappresentante del governo avesse votato in modo dif-

---

[17] Sulla organizzazione dei lavori del *Bundesrath*, nonché sulle Commissioni permanenti presenti nel suo seno (art. 8 RV), v. P. LABAND, *Das Staatsrecht*, cit., 276 ss., nonché 285 ss.

[18] Ciò, peraltro, consegnava nelle mani della sola Prussia un vero e proprio diritto di veto in ordine alle modifiche costituzionali che si fossero volute effettuare, posto che secondo quanto stabiliva l'art. 78 RV «le modifiche costituzionali si (sarebbero considerate) come respinte quando, nel seno del *Bundesrath*, 14 voti si (fossero pronunciati) contro».

[19] In ordine ai componenti del *Reichstag* cfr. invece l'art. 29 RV: «i membri del *Reichstag* rappresentano l'intero popolo e non sono vincolati da alcun mandato o istruzione».

[20] P. LABAND, *Das Staatsrecht*, cit., 240: «*Die verfassungsmäßige Stimmenzahl im Bundesrate ist für jeden deutschen Staat Inhalt eines subjektiven Rechts*».

[21] E. R. HUBER, *Deutsche Verfassungsgeschichte*, cit., 855.

forme dall'istruzione ricevuta, dichiarando di voler disattendere con ciò la volontà del governo, il voto reso non sarebbe stato conteggiato. Qualora, invece, tale volontà non fosse stata dichiarata, il voto del rappresentante sarebbe stato considerato pienamente valido[22], essendo precluso al *Bundesrath* l'esercizio di ogni potere volto a verificare il contenuto dell'istruzione[23] e, quindi, la corrispondenza tra le due manifestazioni di volontà[24].

1.2. *Il ruolo del Cancelliere in seno al* Bundesrath

Ogni anno, il *Bundesrath* e il *Reichstag* venivano convocati, aperti, prorogati e chiusi dall'Imperatore (artt. 12 e 13 RV). Il cancelliere, nominato dall'Imperatore[25] – o un

---

[22] *Ibidem.*

[23] P. LABAND, *Das Staatsrecht,* cit., 247 ss., 249, ove si pone in luce la diversa questione relativa alla verifica, da parte del *Bundesrath,* della sussistenza dei pieni poteri e della legittimazione del rappresentante dello Stato membro.

[24] Diversamente dai membri del *Reichstag,* i rappresentanti presenti nel *Bundesrath* non potevano in alcun modo essere considerati come membri di un organo del *Reich.* Da ciò seguiva anche che essi non potessero essere contestualmente membri del *Reichstag* (art. 9 RV) e che l'Imperatore dovesse assicurare loro la protezione diplomatica d'uso (art. 10 RV); sul punto v. P. LABAND, *Das Staatsrecht,* cit., 244; sul divieto posto dall'art. 9 RV v. le aspre critiche di M. WEBER, *Parlamento e governo,* cit., 105 ss., nonché 200 ss.; cfr. anche C. SCHMITT, *Dottrina della Costituzione,* trad. it., Milano, 1984, 440 ss.

[25] Nel sistema di governo disegnato dalla *Reichsverfassung,* l'indirizzo politico era formalmente e sostanzialmente ricondotto nelle mani del *Kaiser* e del *Reichskanzler,* come si evince dal combinato disposto degli artt. 11 e 17 della Costituzione. Per conseguenza, il Cancelliere non era in alcun modo responsabile né di fronte al *Reichstag,* né di fronte al *Bundesrath.* Successivamente la legge di modifica costituzionale del 28 otto-

18

suo rappresentante scelto fra i membri del Consiglio federale – presiedeva il *Bundesrath* e ne dirigeva i lavori (art. 15)[26]. In tale veste, egli esercitava le proprie funzioni quale rappresentante del *Reich* e non anche della Prussia. Per conseguenza non avrebbe potuto esercitare alcun diritto che alla Prussia derivava dall'appartenenza alla Federazione – a meno che non fosse a ciò espressamente delegato[27] – in quanto la stessa Costituzione imponeva che i due ruoli restassero (formalmente)[28] distinti[29].

Infatti, così come la presidenza del *Bundesrath* non si configurava quale *«preussisches Recht»*, allo stesso modo i diritti che spettavano alla Prussia in qualità di Stato membro del *Bundesrath* andavano esercitati dal Sovrano in quanto Re di Prussia, pur se per mezzo di un suo delega-

bre 1918 avrebbe previsto che il Cancelliere dovesse ottenere la fiducia da parte del *Reichstag* e che, nell'esercizio delle sue funzioni, fosse responsabile dinanzi al *Bundesrath* e al *Reichstag*. v. a tal proposito C. SCHMITT, *Dottrina della Costituzione*, cit., 399.

[26] È appena il caso di aggiungere che il Cancelliere non era inizialmente coadiuvato da alcun apparato governativo, essendo egli l'unico effettivo ministro del *Reich*. Nella prassi, tuttavia, si giunse rapidamente alla formazione di un apparato burocratico composto da un *Auswärtige Amt* e da un *Reichskanzleramt*, le cui funzioni, però, al fine di evitare una congestione del lavoro da svolgere, vennero ben presto assunte dalle strutture ministeriali prussiane già esistenti. Solo in seguito il *Reich* si dotò di propri ministeri e al vertice di ognuno di essi venne posto un Segretario di Stato: cfr. E. R. HUBER, *Deutsche Verfassungsgeschichte*, cit., 833 ss.

[27] Ivi, 854.

[28] Ma per la prassi v. ancora E. R. HUBER, *Deutsche Verfassungsgeschichte*, cit., 825 ss.

[29] *Contra* P. LABAND, *Das Staatsrecht*, cit., muovendo da un'interpretazione letterale dell'art. 15, comma 2, RV, secondo cui: «Il Cancelliere del *Reich* può farsi rappresentare mediante sostituzione scritta da un altro membro del *Bundesrath*».

to[30].

Con ciò, la scarna disciplina costituzionale dedicata alle funzioni del Cancelliere in seno al *Bundesrath* sembrava sottintendere una volontà di attribuire a questi un ruolo di secondo piano rispetto all'attività svolta dal Consiglio federale. Ma, come si è avvertito più sopra, nella prassi si arrivò ben presto a un lento soffocamento dell'elemento federale e a un consolidamento della posizione della Prussia nei confronti di quella goduta dagli altri Stati dell'Impero, attraverso il rafforzamento della figura del *Kaiser* e del Cancelliere all'interno del sistema. La qual cosa – com'è ovvio che sia – finì per riflettersi anche sulle funzioni che lo stesso Cancelliere era chiamato a esercitare in seno al Consiglio federale, come sta a provare la vicenda che segue.

Il 22 aprile del 1880, la Prussia presentava al *Bundesrath* un progetto di legge con il quale si proponeva di lasciar entrare la città di *Altona* e il sobborgo di *St. Pauli* (*Hamburg*) nella *Zollverein*[31]. Il 6 maggio successivo, però, il de-

---

[30] Con la conseguenza che il riferimento al «voto del Presidente» effettuato in più parti dalla Carta costituzionale (art. 5, comma 2; art. 7, comma 3; art. 37) sarebbe stato da intendere come voto del Re di Prussia, quale Presidente della Federazione, «che porta il titolo di Imperatore tedesco» (art. 11) e non anche come voto del Cancelliere del *Reich*, quale Presidente del *Bundesrath*: in tal senso P. LABAND, *Das Staatsrecht*, cit., 238; soluzione peraltro agevolmente deducibile dalla circostanza che l'art. 37 RV parli espressamente di «voto del Presidente della Federazione». Ad ogni modo, sembra doversi sottolineare come la sovrapposizione tra i ruoli (e, dunque, quella tra gli interessi del *Reich* e della Prussia) fosse già resa possibile in *nuce* dalla stessa Carta costituzionale, posto che il voto dirimente del Re di Prussia era accordato a questi proprio in quanto «Presidente della Federazione».

[31] Sull'esperienza della *Zollverein* v. per tutti, O. KIMMINICH, *Deutsche Verfassungsgeschichte*, Frankfurt a.M., 1970, 402 ss., ed ivi ulteriori raggua-

putato *Lasker* chiedeva che il *Reichstag* si pronunciasse sulla questione, sciogliendo i dubbi di costituzionalità che la proposta sollevava, in quanto l'art. 34 RV non sembrava consentire un ingresso di *St. Pauli* nella *Zollverein* senza che la città di Amburgo avesse prestato il proprio consenso, attraverso una decisione unilaterale adottata dal *Bundesrath*[32].

Secondo *Bismarck,* però, la questione – così come ogni questione relativa all'interpretazione della Costituzione che avesse toccato direttamente o indirettamente la posizione del Consiglio federale – doveva essere sottoposta all'attenzione del solo Cancelliere, essendo in suo «dovere» proteggere i diritti costituzionali del *Bundesrath* e rappresentare la volontà generale e le prerogative di ogni singolo Stato presente nel suo seno[33].

1.3. *Le competenze del* Bundesrath

Il *Bundesrath*, organo del *Reich*, era deputato anzitutto

gli sui precedenti che condussero alla sua istituzione e, in particolare, sull'influenza che avrebbe esercitato la politica condotta dal ministro prussiano *Friedrich Christian von Motz* a partire dal 1825; sulle vicende successive che accompagnarono tale esperienza v., ancora, E. R. HUBER, *Deutsche Verfassungsgeschichte*, cit., 143 ss.; sui rapporti tra *Zollverein* e II *Reich* v., invece, C. F. FERRARIS, *La Costituzione dell'Impero germanico*, in *Arch. giur.*, 1872, 288 ss., 300 ss.

[32] Art. 34 RV: «Le città anseatiche di Brema e di Amburgo coi sobborghi necessari sui loro territori o sui territori vicini, restano come porti franchi, fuori dei limiti doganali comuni sino a che esse non chiedano di esservi comprese».

[33] Sulla vicenda, con dovizia di particolari, v. G. F. V. EPPSTEIN-C. BORNHAK, *Bismarcks Staatsrecht*, 2. Aufl., Berlin, 1923, 256 ss.

all'esercizio della funzione legislativa[34], congiuntamente al *Reichstag* e al *Kaiser,* per le materie indicate all'art. 4 della Costituzione[35]. L'art. 5 RV, infatti, affermava espressamente che «il potere legislativo del *Reich* [venisse] esercitato dal *Bundesrath* e dal *Reichstag».* A ciò deve inoltre aggiungersi la previsione dell'art. 7, comma 1, lett. 1), che attribuiva al *Bundesrath* il potere di deliberare sulle proposte da sottoporre al *Reichstag* e sulle risoluzioni da questo votate.

In secondo luogo, il *Bundesrath* era, in certo qual modo, anche "organo di amministrazione". Nel senso, cioè, che la sua partecipazione all'attività amministrativa trovava realizzazione indirettamente, sotto forma di *Beschlußfassung*[36]. L'art. 7, comma 1, lett. 2), RV, prevedeva, infatti, che il *Bundesrath* deliberasse sui regolamenti di amministrazione e sulle istruzioni generali necessarie all'esecuzione delle leggi del *Reich,* tranne il caso in cui la stessa legge del *Reich* non avesse stabilito diversamente[37].

Tale previsione si ricollegava alla necessità di impedire che l'esercizio dell'attività amministrativa spettante a ogni Stato membro potesse pregiudicare l'unità giuridica cui tendeva la legislazione del *Reich.* Di modo che l'efficacia

---

[34] …ma, più in generale, normativa, in quanto «*seine Tätigkeit übt er aus teils unter Mitwirkung des Reichstages (Gesetze), teils selbständig (Verordnungen)»*: così P. LABAND, *Das Staatsrecht,* cit., 256.

[35] Sulla funzione legislativa del *Reich* v., per tutti, J. HATSCHEK, *Deutsches und preussisches Staatsrecht,* Berlin, 1923, 2, 3 ss.

[36] P. LABAND, *Das Staatsrecht,* cit., 257.

[37] E cioè nei casi in cui, ad esempio, la legge ne riservasse l'approvazione al *Reichstag* o attribuisse il potere di adottare *Ausführungsverordnungen* in capo al *Kaiser.* sul punto v. P. LABAND, *Das Staatsrecht,* cit., 258.

propria delle decisioni del *Bundesrath* si concretava nel dovere del governo dello Stato membro di osservare l'esecuzione posta in essere dalle autorità amministrative dello Stato stesso nel caso in cui questa fosse conforme alle prescrizioni legislative del *Reich*.

In terzo luogo, il *Bundesrath* agiva anche quale *«Organ der Rechtspflege»*, in quanto, in alcuni casi, l'attività svolta si configurava quale esercizio di attività giurisdizionale o para-giurisdizionale[38]. Secondo quanto prevedeva l'art. 7, comma 3, RV, per esempio, il Consiglio federale era chiamato a deliberare sulle «imperfezioni rilevate nell'esecuzione delle leggi del *Reich*». Ciò si configurava quale «giurisdizione di amministrazione» (*Verwaltungsjurisdiktion*), poiché la deliberazione del *Bundesrath* – pur non possedendo la «forza formale di una decisione» – si riassumeva in un giudizio di conformità dei provvedimenti di esecuzione dello Stato membro alle leggi del *Reich*[39].

Un ulteriore esempio era rappresentato dalla previsione contenuta nell'art. 19 RV, secondo cui il *Bundesrath* avrebbe potuto ordinare l'esecuzione di misure coercitive nei confronti degli Stati membri che non avessero adempiuto ai doveri federali imposti dalla Costituzione. Anche in questo caso, la deliberazione sulla *Reichsexekution* – che in tutta evidenza si ricollegava a una necessaria e *«gegenseitiger Bundestreu»* tra il *Reich* e gli Stati membri[40] – veniva a qualificarsi come vera e propria sentenza, che conteneva la decisione sul mancato adempimento dei doveri federali

---

[38] P. LABAND, *Das Staatsrecht*, cit., 266 ss.
[39] P. LABAND, *Das Staatsrecht*, cit., 267.
[40] Sulla *Reichsexekution* v. sinteticamente E. R. HUBER, *Deutsche Verfassungsgeschichte*, cit., 796 s.

che discendevano dalla Costituzione[41].

Tra le altre competenze che la *Reichsverfassung* attribuiva al *Bundesrath* vanno infine annoverate quella relativa allo scioglimento del *Reichstag*, previa approvazione da parte del *Kaiser* (art. 24 RV), quella relativa al consenso da prestare in caso di dichiarazione di guerra da parte del *Kaiser* (art. 11, comma 2, RV) e quella concernente il consenso da accordare sui trattati internazionali, aventi a oggetto materie di competenza legislativa del *Reich* (art. 11, comma 3, RV).

2. Dall'Impero alla Repubblica

Dopo il primo conflitto mondiale, la Germania si trovava a vivere un vero e proprio "paradosso costituzionale". Alla mutata realtà sociale ed economica del Paese – ormai fortemente industrializzato – non corrispondeva un sistema politico-istituzionale che fosse in condizione di soddisfare le esigenze della classe borghese e di quella proletaria. L'assetto organizzativo dello Stato federale, e degli organi che ne facevano parte, infatti, era ancora

---

[41] V. anche l'art. 76, comma 1, RV, con cui si disponeva che i conflitti tra vari Stati della Federazione, che non avessero avuto natura di diritto privato, potessero essere risolti dal *Bundesrath* su domanda di una delle parti, nonché l'art. 76, comma 2, RV, con cui si demandava alla competenza del *Bundesrath* il potere di risolvere «stragiudizialmente» i conflitti costituzionali sorti all'interno degli Stati membri, nel caso in cui la Costituzione degli Stati stessi non avesse disposto diversamente. Sul punto, ed anche per ulteriori ipotesi di funzioni giurisdizionali (o paragiurisdizionali) esercitate dal *Bundesrath*, v. ancora P. LABAND, *Das Staatsrecht*, cit., 268 ss.

pressoché plasmato in favore dell'antico ceto dinastico e in spregio al parlamentarismo e al sistema dei partiti[42]. E tutto ciò avrebbe richiesto anzitutto che la forma di governo disegnata dalla *Reichsverfassung* cedesse il passo a «una sana parlamentarizzazione» del *Reich*[43]. Così, il 28 ottobre del 1918 entrarono in vigore due leggi di modifica della Costituzione, con le quali si stabiliva che il Cancelliere dovesse ottenere formalmente la fiducia del *Reichstag* e che questo accordasse previamente il proprio assenso su ogni dichiarazione di guerra[44]. Ma alle modifiche costituzionali si pervenne troppo tardi per sperare, con ciò, di salvare le sorti del vecchio Impero. Il 9 novembre successivo, infatti, da una finestra del *Reichstag*, il socialdemocratico *Philipp Scheidemann* annunciava al popolo la nascita della Repubblica tedesca[45].

3. *Principio democratico e federalismo*

Mentre il Preambolo della *Reichsverfassung* del 1871 riconduceva la nascita del *Reich* alla volontà del Re di Prussia, in nome della Confederazione del Nord, e a quella

---

[42] M. WEBER, *Parlament und Regierung*, cit., 64 ss., spec. 71 ss.
[43] M. WEBER, *Parlament und Regierung*, cit., 198; sul punto v. anche H. A. WINCKLER, *La Repubblica di Weimar. 1918-1933: storia della prima democrazia tedesca*, trad. it., Roma, 1998, 7, il quale osserva come per una trasformazione di questo tipo mancasse però «il presupposto più importante: una maggioranza che lo volesse veramente».
[44] O. KIMMINICH, *Deutsche Verfassungsgeschichte*, cit., 481.
[45] H. A. WINKLER, *La Repubblica di Weimar*, cit., 27; su tali vicende v. anche F. LANCHESTER, *Alle origini di Weimar. Il dibattito costituzionalistico tedesco tra il 1900 e il 1918*, Milano, 1985, 195 ss.

degli altri Sovrani ivi menzionati, il Preambolo della Costituzione di *Weimar* ricollegava la nascita della Repubblica direttamente alla volontà del «Popolo tedesco, unito nelle sue stirpi»[46].

In questo modo, lo Stato tedesco poggiava la propria legittimazione sull'elemento popolare – "mediato" dal ruolo preponderante dei partiti in seno al sistema[47] – e non più su quello monarchico, e questo si rifletteva sullo spirito del nuovo ordinamento costituzionale e, di conseguenza, sulla forma di governo adottata e sulla stessa organizzazione degli organi federali.

La tensione tra principio dinastico e principio democratico, che aveva attraversato il pregresso sistema imperiale e aveva conosciuto nella prassi una netta prevalenza del primo sul secondo, tendeva ora a sciogliersi nell'idea che tutta l'organizzazione orizzontale del potere, così come l'articolazione verticale dello stesso tra *Reich* e *Länder*, dovesse ricondursi, direttamente o indirettamente, a una decisione del popolo sovrano, conformemente a quanto risultava stabilito all'art. 1 WRV[48]. In tale pro-

---

[46] W. Apelt, *Geschichte der Weimarer Verfassung*, München e Berlin 1964, 2. Aufl., 127; sul punto v. anche G. Anschütz, *Die Verfassung des Deutschen Reichs vom 11. August 1919*, 14. Aufl., Berlin, 1933, 31 s.: «*Die neue Präambel gibt demgegenüber dem neuen, durch die Umwälzung des Jahres 1918 geschaffenen Verhältnis von Staat und Volk, Reich und Nation einen sinnfälligen Ausdrück. Das Reich erscheint jetzt nicht mehr als ein Bund von Staaten [...] sondern als das staatliche Gemeinwesen des ganzen deutschen Volkes*», nonché F. Giese, *Die Verfassung des Deutschen Reiches vom 11. August 1919*, 8. Aufl., Berlin, 1931, 36.

[47] W. Weber, *Weimarer Verfassung und Bonner Grundgesetz*, in Id., *Spannungen und Kräfte im westdeutschen Verfassungssystem*, 3. Aufl., Stuttgart, 1970, 9 ss.

[48] Sul punto, ed in particolare sul rapporto tra *Landeshoheit* e *Gesamt-*

spettiva anche l'elemento federale veniva ad assumere un significato inedito rispetto a quello espresso in precedenza[49], essendo posto non più a tutela delle prerogative godute dalle antiche monarchie, ma in funzione della necessità di rappresentare le differenti realtà territoriali esistenti e in ultima analisi l'elemento personale effettivamente "vivente" in ogni parte del territorio dello Stato[50]. È in tale logica che devono leggersi, per esempio, le disposizioni costituzionali contenute nell'art. 2, ove, dopo essersi precisato che «il territorio del *Reich* si compone dei territori dei *Länder* tedeschi»[51], subito dopo si affermava: «altri territori potranno essere riuniti al *Reich,* con legge di questo, se la loro popolazione ne esprima il desiderio, in virtù del diritto di autodeterminazione»[52].

---

nation, v. G. ANSCHÜTZ, *Die Verfassung des Deutschen Reichs,* cit., 37 ss., 38.

[49] È appena il caso di osservare come, nonostante il silenzio serbato sul punto dalla Costituzione, la natura federale dello Stato poteva essere dedotta agevolmente dalla disciplina complessiva posta dalla stessa Carta costituzionale: sul punto v., per tutti, O. KIMMINICH, *Der Bundesstaat,* in *Handbuch des Staatsrechts der Bundesrepublik Deutschland,* a cura di J. Isensee e P. Kirchhof, I, Heidelberg, 1987, 1113 ss., 1134.

[50] A tal proposito C. SCHMITT, *Dottrina della Costituzione,* cit., 507, il quale osserva che «se si forma una federazione di Stati democratici, la conseguenza necessaria è che l'omogeneità democratica confluisca con l'omogeneità federale».

[51] Cfr. A. FINGER, *Das Staatsrecht des Deutschen Reichs. Die Verfassung vom 11. August 1919,* Stuttgart, 1923, 195, il quale osserva: «*In der Verfassung des Jahres 1871 ist Reichswille der Reflex von Landeswillen, in der Verfassung des Jahres 1919 ist es umgekehrt*».

[52] Sul punto cfr. ancora G. ANSCHÜTZ, *Die Verfassung des Deutschen Reichs,* cit., 46 s., il quale non a caso sottolinea che tale «*Selbstbestimmungsrecht*» non è un «*allgemein anerkannte Regel des Völkerrechts*», nel senso inteso dall'art. 4 WRV, e che la prescrizione, pur tacendo sulle forme di estrinsecazione dell'autodeterminazione, sicuramente allude anzitutto

3.1. Il *Reichsrat* nella Costituzione di *Weimar*

Secondo quanto stabiliva l'art. 60 WRV, «per la rappresentanza dei *Länder* tedeschi nella legislazione ed amministrazione del *Reich* viene costituito un *Reichsrat*». Il *Reichsrat* era un organo federale (e non «*Länderorgan*»)[53], presieduto da «un membro del governo del *Reich*»[54] e dotato di autonomia regolamentare[55]. L'abbandono della precedente denominazione avrebbe chiarito che nella nuova architettura federale dello Stato i *Länder* sarebbero stati chiamati a collaborare, attraverso il *Reichsrat*, alla formazione della volontà del *Reich* e non anche a rappresentare e difendere, entro tale consesso, i propri variegati interessi[56].

In seno al *Reichsrat*, ogni *Land* aveva almeno un voto e quelli più grandi avevano un voto ogni settecentomila abitanti o per frazioni superiori a trecentocinquantamila

---

ad una «*Volksabstimmung*».

[53] E. R. HUBER, *Deutsche Verfassungsgeschichte seit 1789. Die Weimarer Reichsverfassung*, 6, rev. Nachdr. der 1. Aufl., Stuttgart, Berlin e Köln, 1993, 374.

[54] Art. 65 WRV: «La presidenza del *Reichsrat* e delle sue Commissioni è tenuta da un membro del Governo del *Reich*. I membri del Governo del *Reich* hanno il diritto e, su richiesta del *Reichsrat*, il dovere di prendere parte alle sedute di questo e delle sue Commissioni. Essi devono su loro richiesta essere sempre ascoltati durante le deliberazioni».

[55] Cfr. l'art. 66, comma 2, WRV; il testo del *Geschäftsordnung* del *Reichsrat* del 20 novembre 1919 (così come modificato il 22 giugno del 1920 e il 28 aprile e il 14 giugno del 1921) può essere letto in A. FINGER, *Das Staatsrecht*, cit., 294 ss.

[56] Cfr. ancora C. SCHMITT, *Dottrina della Costituzione*, cit., 507, che non a caso afferma: «l'unione di democrazia e organizzazione statale federale conduce ad un tipo peculiare ed autonomo di organizzazione statale» e, cioè, «allo Stato federale senza fondamento federativo».

abitanti[57]. I *Länder* erano rappresentati da membri del proprio governo – in numero pari ai seggi attribuiti (art. 63 WRV) – e svolgevano le proprie funzioni con vincolo di mandato, cioè secondo le istruzioni impartite dai rispettivi governi, in quanto, anche nel disegno della Costituzione del 1919, il *Reichsrat,* dal punto di vista dei *Länder,* veniva in ultima analisi a configurarsi come «Assemblea permanente di delegati dei governi dei *Länder*», deputati a esprimere non già il proprio voto, ma il voto (unitario)[58] di ciascun governo[59].

3.2. *Le competenze del* Reichsrat

Al pari di quel che accadeva nel vigore della *Reichsverfassung* del 1871, anche la Costituzione di *Weimar* riconosceva al Consiglio, anzitutto, un ruolo preponderante nell'esercizio della funzione legislativa[60], attribuendogli,

---

[57] In verità, il testo originario dell'art. 61 WRV recitava: «Nei *Länder* più grandi è attribuito un voto per ogni milione di abitanti. Un'eccedenza che sia pari almeno al numero di abitanti del più piccolo dei *Länder* verrà calcolato come milione intero»; cfr. F. LANCHESTER, *Le Costituzioni tedesche da Francoforte a Bonn*, cit., 203, nota 14, ed ivi ulteriori ragguagli; in ordine alla *Stimmverteil* tra i *Länder* e all'effettivo numero posseduto da ciascuno di essi v. E. R. HUBER, *Deutsche Verfassungsgeschichte*, cit., 378.

[58] A. FINGER, *Das Staatsrecht*, cit., 289: «*Ein Staat, ein Land kann, ebenso wie ein Mensch, in einem bestimmten Zeitpunkt nur einen Willen haben. Der Wille der Länder muß daher im Reichsrat als einheitlicher zum Ausdrück kommen. Den einzelnen Länder bleibt es aber überlassen, die Ordnung für die Bildung und Äußerung dieses einheitlichen Willens festzusetzen*».

[59] E. R. HUBER, *Deutsche Verfassungsgeschichte*, cit., 376.

[60] Sul ruolo del *Reichsrat* in ordine al procedimento di revisione costituzionale v., invece, l'art. 77 WRV, il quale disponeva: «La Costitu-

però, poteri qualitativamente differenti rispetto alla pregressa disciplina[61]. L'art. 69 WRV prevedeva infatti che la presentazione delle proposte di legge dovesse scontare il previo accordo tra il Governo e il *Reichsrat*, essendo all'uopo previsto che il Consiglio prestasse il proprio consenso alla presentazione delle stesse. Tuttavia, nel caso in cui non si fosse raggiunto l'accordo, il Governo avrebbe potuto egualmente dar corso alla sua proposta, fermo restando il dovere di far presente l'opinione contraria manifestata dal *Reichsrat*. Qualora, invece, il Consiglio avesse presentato un progetto di legge senza ottenere l'approvazione del Governo, quest'ultimo avrebbe dovuto presentarlo al *Reichstag*, dichiarando «il proprio punto

zione può essere mutata in via legislativa. Tuttavia le modifiche sono possibili solo se siano presenti i due terzi dei membri assegnati per legge al *Reichstag*, e vi consentano due terzi dei presenti. Anche le decisioni del *Reichsrat* dirette al mutamento della Costituzione richiedono la maggioranza dei due terzi dei voti. Se per iniziativa popolare un mutamento costituzionale deve aver luogo con referendum, è necessario che si raggiunga il consenso della maggioranza degli elettori. Se il *Reichstag* abbia approvato una legge di modifica della Costituzione contro l'opposizione del *Reichsrat,* il Presidente non potrà procedere alla pubblicazione della stessa se il *Reichstag,* entro due settimane, richieda una decisione popolare su di essa».

[61] È appena il caso di osservare che nel sistema costituzionale di *Weimar* l'esercizio della funzione legislativa da parte del *Reichstag* e del *Reichsrat*, diversamente dall'esperienza costituzionale imperiale del 1871, provocava di fatto un controllo del sistema stesso da parte dei partiti politici, sia per il tramite delle elezioni dei membri del *Reichstag* da parte del popolo, la cui volontà veniva appunto direttamente «mediata» dagli stessi, sia *«durch die Wahl und die Berufung der Landesregierungen, über feste Machtbastionen in den einzelnen Ländern»*, e cioè indirettamente, di modo che *«von diesen Landesbastionen aus konnten sie gerade auch mit Hilfe des Reichsrats gegen die Reichsregierung vorzustoßen versuchen»*: così E. R. HUBER, *Deutsche Verfassungsgeschichte*, cit., 6, 376.

di vista».

Secondo quanto stabiliva l'art. 74 WRV, inoltre, il *Reichsrat* era titolare di un potere di veto sospensivo, potendo sollevare opposizione contro le leggi approvate dal *Reichstag* (ma non ancora promulgate dal Presidente del *Reich* (art. 70 WRV). In tal caso, il *Reichstag* avrebbe dovuto procedere a un'ulteriore deliberazione e se avesse riapprovato la legge in modo difforme dalla posizione assunta dal Consiglio, entro tre mesi il Presidente del *Reich* avrebbe potuto promuovere «una decisione popolare sull'oggetto del conflitto»[62].

In secondo luogo, il *Reichsrat* esercitava rilevanti funzioni anche in ordine al potere esecutivo. E ciò almeno in due casi: a) secondo l'art. 67 WV, il quale stabiliva che ogni qual volta si fosse dovuto «deliberare» sugli affari più importanti dello Stato, i ministri del *Reich* avrebbero dovuto consultare previamente le competenti Commissioni del *Reichsrat*; b) in base all'art. 77 WRV, il quale prevedeva che l'adozione dei regolamenti di esecuzione delle leggi del *Reich* fossero di competenza del Governo, a meno che una legge non avesse stabilito diversamente. Nel caso in cui, però, l'esecuzione delle leggi fosse stata di competenza delle autorità dei *Länder*, sulle stesse si sarebbe dovuto conseguire necessariamente il consenso del

---

[62] La disciplina costituzionale attribuiva al Presidente del *Reich* considerevoli poteri al riguardo: v. l'art. 74, comma 3, WRV, ove, oltre a quanto riferito sopra, si legge: «Ove il Presidente non faccia uso di questo diritto, la legge si considera come non esistente. Se il *Reichstag*, a maggioranza dei due terzi, si sia dichiarato contrario alla opposizione del *Reichsrat*, il Presidente deve, entro tre mesi, o pubblicare la legge nella formulazione data dal *Reichstag* oppure provocare una votazione popolare».

4. *Stato federale e* Bundesrat *nella* Grundgesetz *del 1949*

L'ascesa al potere del partito nazionalsocialista pose fine all'esperienza costituzionale federale – e più in generale a quella delle autonomie territoriali – e trasformò il *Reich* in uno Stato unitario. Tra il 1933 e il 1935 furono approvate quattro leggi[64], in forza delle quali i *Länder* vennero privati del carattere della statualità e ridotti a mere «unità amministrative» (*Verwaltungseinheiten*)[65]. In particolare, attraverso la legge sulla *Neuaufbau* del *Reich* del 30 gennaio 1934 si abolì il sistema della rappresentanza popolare nei *Länder* (art. 1), si trasferirono i relativi *Hoheitsrechte* in capo al *Reich* (art. 2, comma 1) e si dispose la subordinazione dei governi dei *Länder* al governo nazionale (art. 2, comma 2).

---

[63] Sul punto v. A. FINGER, *Das Staatsrecht*, cit., 305 s.; è da ricordare, inoltre, che la Costituzione di *Weimar*, diversamente da quella del 1871, non attribuiva al *Reichsrat* funzioni para-giurisdizionali. In virtù di quanto stabiliva l'art. 48 WRV, l'esercizio della *Reichsexekution* era ora rimesso alla competenza del Presidente del *Reich* e su di esso gravava il controllo del solo *Reichstag*: sul punto v. E. R. HUBER, *Deutsche Verfassungsgeschichte*, cit., 385.

[64] *Gesetz zur Gleichschaltung der Länder mit dem Reich* del 31 marzo 1933 (in *RGBl.*, I, 153 ss.); *Gesetz zur Gleichschaltung der Länder mit dem Reich* del 7 aprile 1933 (in *RGBl.*, I, 173 ss.); *Gesetz über den Neuaufbau des Reiches* del 30 gennaio 1934 (in *RGBl.*, I, 75 ss.); *Reichsstatthaltergesetz* del 30 gennaio 1935 (in *RGBl.*, I, 65 ss.); sul punto, per tutti, K. STERN, *Das Staatsrecht*, cit., V, 786 ss.

[65] H.-J. VOGEL, *Die bundesstaatliche Ordnung des Grundgesetzes*, in *Handbuch des Staatsrechts*, a cura di E. Benda, W. Maihofer e H.-J. Vogel, Berlin e New York, 1983, 805 ss., 812.

Ma si trattò soltanto di un momento di «rottura»[66], cioè di un «episodio» che, dal punto di vista costituzionale, non avrebbe realmente inciso sulle sorti della tradizione federale tedesca[67]. Con la fine dello Stato totalitario, infatti, le forze occidentali di occupazione si prodigarono ben presto in favore della ricostruzione del sistema delle autonomie territoriali[68] e del ripristino della *Länderstaatlichkeit,* provvedendo, in tale ultimo caso, finanche alla istituzione di nuovi *Länder,* così come allo smembramento di quelli preesistenti[69], e preparando, per tale via, il terreno sul quale sarebbe stata edificata la nuova Repubblica federale tedesca[70].

---

[66] K. STERN, *Das Staatsrecht,* cit., V, 784 s.: «[*Die Gleichschaltung der Länder*] *bedeutet eine Umgestaltung des Bundesstaates in einen Einheitsstaat, ein Bruch mit der seit Jahrhunderten in Deutschland gewachsenen föderalen Tradition*».

[67] J. ISENSEE, *Idee und Gestalt des Föderalismus im Grundgesetz,* in *Handbuch des Staatsrechts der Bundesrepublik Deutschland,* a cura di J. Isensee e P. Kirchhof, IV, Heidelberg, 1990, 517 ss., 524.

[68] K. STERN, *Das Staatsrecht,* cit., V, 1020 ss.

[69] K. STERN, *Das Staatsrecht,* cit., V, 1033 s.

[70] Le linee fondamentali del futuro assetto territoriale vennero tracciate nel c. d. «Documento di Francoforte», approvato dalla *Sechs-Mächte-Konferenz* di Londra il 1° luglio 1948. L'articolo I di tale documento attribuiva espressamente alla futura Assemblea costituente il compito di redigere una Costituzione democratica, avente «una forma di governo di tipo federale». Il documento può essere letto in E. R. HUBER, *Quellen zum Staatsrecht der Neuzeit. Deutsche Verfassungsdokumente der Gegenwart (1919-1951),* 2, Tübingen, 1951, 197 ss.; sul punto v. anche H.-J. VOGEL, *Die bundesstaatliche Ordnung,* cit., 813 s. È appena il caso di osservare che ben altra sorte avrebbero avuto, invece, i *Länder* nella DDR, in quanto – in mancanza di ogni reale ed efficace garanzia costituzionale – essi vennero aboliti con la *Gesetz über die weitere Demokratisierung des Aufbaus und der Arbeitsweise der staatlichen Organe in den Ländern der Deutschen Demokratischen Republik* del 23 luglio 1952 (in *GBl.,* I, 613 ss.) e ridotti a *Bezirke* e *Kreise.* Successivamente, attraverso la *Gesetz zur Auflösung der Länderkammer* dell'8 dicembre 1958 (in *GBl.,* I, 867 ss.), venne

Nella *Grundgesetz* del 1949, il principio federale trova espressione nella organizzazione e nella disciplina della *Bundesstaatlichkeit*[71] e rappresenta un pilastro fondamentale della forma di Stato, ovvero un suo principio di struttura[72]. Esso si snoda, per un verso, in una *«Doppelstaatlichkeit»* all'interno del sistema generale (come stanno a provare gli artt. 30 e 79, comma 3, GG)[73] – in quanto i *Länder* vengono considerati come titolari di propri *Hoheitsrechte* e ritenuti responsabili dell'«ambito» assegnato loro dalla *Grundgesetz*[74] – e, per altro verso – strettamente collegato a siffatto riconoscimento – in un dovere di collaborazione *«der Gliedstaaten an der Willensbildung des Gesamtstaaten»* (come stanno a dimostrare gli artt. 23, 50 e 79, comma 3, GG)[75].

---

formalmente soppressa anche la Camera dei *Länder* (*Länderkammer*), mentre l'art. 1 della Costituzione del 1949 continuava, quasi sarcasticamente, ad affermare: *«Deutschland ist eine unteilbare demokratische Republik; sie baut sich auf den deutschen Ländern auf»*: cfr. K. STERN, *Das Staatsrecht*, cit., V, 1629 e 1636 s.

[71] H. PETERS, *Geschichtliche Entwicklung und Grundfragen der Verfassung*, Berlin, Heidelberg e New York, 1969, 209 s.; sul punto v. anche E. ŠARČEVIĆ, *Das Bundesstaatsprinzip. Eine staatsrechtliche Untersuchung zur Dogmatik der Bundesstaatlichkeit des Grundgesetzes*, Tübingen, 2000, 83 ss., secondo cui il principio federale si configurerebbe quale «principio generale del diritto costituzionale non scritto», nonché J. ISENSEE, *Der Bundesstaat – Bestand und Entwicklung*, in *Festschrift 50 Jahre Bundesverfassungsgericht*, a cura di P. Badura e H. Dreier, II, Tübingen, 2001, 719 ss.

[72] K. STERN, *Das Staatsrecht*, cit., I, 635 ss.

[73] E. ŠARČEVIĆ, *Das Bundesstaatsprinzip*, cit., 230 ss.

[74] K. STERN, *Das Staatsrecht*, cit., I, 667.

[75] E. ŠARČEVIĆ, *Das Bundesstaatsprinzip*, cit., 234 ss. Secondo tale dottrina, la *Bundesstaatlichkeit* poggerebbe la propria costruzione altresì sulle prescrizioni relative all'omogeneità all'interno del sistema (Art. 28, comma 1, GG), all'*«Einheit nach Außen»* (art. 32 GG), al *«Rangverhältnis*

È in tale prospettiva che si giustifica – come si vedrà più oltre – la peculiare posizione del *Bundesrat* all'interno dell'ordinamento costituzionale e la particolare natura che la Legge fondamentale di Bonn gli attribuisce.

4.1. *I membri del* Bundesrat

Il *Bundesrat* è «*oberstes Staatsorgan, Verfassungsorgan*»[76] del *Bund*[77], composto da «membri dei governi dei *Länder,* nominati e revocati da quest'ultimo» (art. 51, comma 1, GG), tra i quali viene eletto un Presidente, che resta in carica per un anno» (art. 52, comma 1, GG)[78].

---

zwischen Bundes- und Landesrecht» (art. 31 GG) e alla cooperazione tra *Bund* e *Länder* (artt. 35, 91 a, 91 b e 108 GG). La tesi, tuttavia, desta qualche perplessità, in quanto tali previsioni sembrerebbero ricollegarsi proprio al riconoscimento di una "doppia statualità" e alla prescrizione sul dovere di «collaborare alla formazione della volontà del *Gesamtstaat*».

[76] K. STERN, *Das Staatsrecht,* cit., II, 124, e I, 744, secondo cui il *Bundesrat* sarebbe «*Organ sui generis, Ausdruck jener Idee des "dédoublement fonctionnel"* [...] *durch die allein seine höchst unterschiedlichen Mitgestaltungbefugnisse erklärt werden können. Seine innere Organisation, sein Geschäftsgang und der Status seiner Mitglieder sind parlamentarisch*»; cui adde L. VIOLINI, *Bundesrat e Camera delle Regioni. Due modelli alternativi a confronto,* Milano, 1989, 45; cfr. anche BVerfGE 37, 363, 380, con cui si esclude recisamente che esso possa essere considerato quale «*Zweite Kammer*»; sul punto v., per tutti, H. H. KLEIN, *Der Bundesrat der Bundesrepublik Deutschland – die „Zweite Kammer",* in *AöR,* 1983, 329 ss.

[77] ... e non *Länderorgan:* v. già BVerfGE 1, 299, 311; BVerfGE 8, 104, 120.

[78] Sul ruolo del Presidente del *Bundesrat* v. W. KREBS, *Art. 52,* in *Grundgesetz – Kommentar,* a cura di I. v. Münch e P. Kunig, 2, 3. neubearb. Aufl., München, 1995, 901 ss., 904; R. HERZOG, *Zusammensetzung und Verfahren des Bundesrates,* in *Handbuch des Staatsrechts der Bundesrepublik Deutschland,* a cura di J. Isensee e P. Kirchhof, II, Heidelberg, 1987, 505 ss., 511 ss.; v. anche la disciplina posta dai §§ 6 ss., *GeschO*

La circostanza che la disposizione utilizzi una formula del tutto differente rispetto a quella che recepiva l'art. 63 della Costituzione di *Weimar*[79] non comporta – come vorrebbe parte della dottrina[80] – che *«Mitglieder der Bundesrat»* siano in realtà i membri dei governi dei *Länder* e non già i *Länder* stessi, in quanto l'assunto resterebbe contraddetto dal *senso* della disciplina complessiva posta dall'articolo, così come dal tenore letterale dei successivi commi, ove si fa espresso riferimento ai *Länder* e non anche ai membri dei rispettivi governi.

L'art. 51, comma 1, GG, dispone, poi, che i membri dei governi dei *Länder* «possono essere rappresentati da altri membri dei rispettivi governi». Questa previsione si giustificherebbe con l'intento di evitare che in seno al consesso possano sedere membri che non siano di «estrazione politica»[81] e che, pertanto, il *Bundesrat* possa –

BRat del 1° luglio 1966 (e succ. mod.); sulla prassi v. L. VIOLINI, *Bundesrat*, cit., 47 s.

[79] Art. 63, comma 1, WRV: «I *Länder* vengono rappresentati nel *Reichsrat* dai membri dei loro governi».

[80] W. KREBS, *Art. 51*, in *Grundgesetz – Kommentar*, cit., 887 ss., 891; v. anche B. PEZZINI, *Il Bundesrat della Germania federale. Il modello tedesco e la riforma del bicameralismo nello Stato a base regionale*, Milano, 1990, 30: «da formula introdotta dal primo comma dell'art. 51 dà alla qualità di membro del Bundesrat un rilievo autonomo, che il precedente art. 63 della costituzione di Weimar non prevedeva».

[81] È evidente che la qualità di membro del Governo del *Land* non può che essere determinata dalla rispettiva Costituzione. A tal fine deve però ricordarsi come alcune Costituzioni dei *Länder* prevedono che del Governo possano far parte anche *Staatssekretäre* (art. 45, comma 2, *BaWüVerf*; art. 43, comma 2, *BayVerf*; art. 59, comma 2, *SachsVerf*) ed *ehrenamtliche Staatsräte* (art. 45, comma 2, *BaWüVerf*; art. 107, comma 1, *BremVer*): sul punto K. STERN, *Das Staatsrecht*, cit., II, 135 (e, sulla scia di tale A., anche B. PEZZINI, *Il Bundesrat*, cit., 31), il quale ritiene, ma non esattamente, che tali particolarità concernano solo le Costituzioni

a torto o a ragione – trasformarsi in un organo di natura «burocratica»[82]. Che questa sia la *ratio* della disposizione è provato anche dalla previsione dell'art. 52, comma 4, che limita la partecipazione di tali soggetti alle sole «Commissioni del *Bundesrat*».

Per quanto concerne lo *status* di membro del *Bundesrat,* va comunque precisato che il testo della *Grundgesetz* offre una disciplina piuttosto scarna della posizione giuridica rivestita dai membri all'interno del Consiglio e che ai fini della ricostruzione di tale posizione occorre guardare soprattutto alla normativa ricavabile dal Regolamento interno dell'organo (*GeschO BRat*).

A ogni modo, dal punto di vista costituzionale, deve precisarsi: a) che la qualità di membro del *Bundesrat* promana solo da un atto di nomina del rispettivo governo del *Land*; e, avendo tale nomina natura costitutiva, ne segue anche che la successiva comunicazione al Presidente del *Bundesrat* – conformemente a quanto dispone il § 1

---

della *Baviera* e del *Baden-Württemberg*). A ben vedere, però, la possibilità che in via di principio tali membri possano sedere in seno al *Bundesrat* non comporta altresì che, per ciò solo, il *Bundesrat* possa essere considerato un organo in cui l'elemento politico si salda a quello di tipo «burocratico». Anzitutto, perché l'attività esercitata dal Segretario di Stato o dal Consigliere di Stato onorario dovrebbe pur sempre essere conforme alle direttive impartite dal Governo di appartenenza; e, in secondo luogo, perché finanche sul piano costituzionale interno al *Land*, l'attività di tali soggetti non si sottrae a una responsabilità di tipo politico, come sta a provare, per esempio, l'art. 51 *BayVerf*, dal quale si deduce, appunto, che dinanzi al *Landtag* sia responsabile il Ministro (nel caso in cui il Segretario abbia agito conformemente alle direttive impartitegli) oppure direttamente il Segretario (nel caso in cui, per impedimento del Ministro, abbia agito autonomamente).

[82] W. KREBS, *Art. 51*, cit., 891.

del *GeschO BRat* – ha carattere meramente dichiarativo[83];
b) che, allo stesso modo, la perdita della qualità di membro del *Bundesrat* consegue solo a un atto di revoca da
parte del governo del *Land*, e può collegarsi alla mancata
persistenza dei requisiti soggettivi[84]; c) che, quali membri
del *Bundesrat*, i rappresentanti dei governi dei *Länder* esercitano le proprie funzioni secondo le istruzioni impartite
dal governo di appartenenza e con vincolo di mandato[85]
(anche se parte della dottrina ritiene che non si possa
parlare di un vincolo in senso stretto, posto che «le indicazioni di voto sono formulate dai governi dei *Länder*, da
cui provengono i membri del *Bundesrat*»)[86]; d) che – conformemente a quanto stabilisce il § 2 del *GeschO BRat* – «i
membri del *Bundesrat* non possono essere contemporaneamente membri del *Bundestag*» e, qualora siano eletti al
Bundestag, devono optare per una delle due cariche; e) che
ai membri del *Bundesrat* non risultano estensibili «*die typischen Abgeordnetenprivilegien*» e cioè i «privilegi» previsti costituzionalmente per i deputati del *Bundestag* (*Immunität*,
Indemnität e *Zeugnisverweigerungsrecht*[87]; f) che i membri del
Bundesrat, diversamente da quanto accade nel *Bundestag*,

---

[83] H. SCHÄFER, *Der Bundesrat*, Köln, 1955, 34.

[84] B. PEZZINI, Il *Bundesrat*, cit., 31.

[85] Ciò, peraltro, appare provato anche dalla disciplina posta dall'art. 53 a GG, secondo cui i membri della Commissione comune (composta da due terzi di deputati e due terzi di membri del *Bundesrat*) «non sono vincolati a direttive», così come da quella contenuta all'art. 77, comma 2, GG, che, in ordine alla partecipazione dei membri del *Bundesrat* alla *Vermittlungsausschuss*, prevede che «non sono vincolati a direttive». Sul punto v. anche K. STERN, *Das Staatsrecht*, cit., II, 162 s., nonché L. VIOLINI, *Bundesrat*, cit., 47.

[86] L. VIOLINI, *Bundersrat*, cit., 46.

[87] K. STERN, *Das Staatsrecht*, cit., II, 162.

non possono costituirsi in *Fraktionen*[88].

4.2. *Il voto in seno al* Bundesrat

L'art. 51, comma 3, GG stabilisce che ciascun *Land* ha diritto di inviare al Consiglio tanti membri quanti sono i suoi voti; ivi si precisa anche che ciascun *Land* dispone di almeno tre voti, mentre i *Länder* con più di due milioni di abitanti ne hanno quattro, quelli con più di sei milioni cinque e quelli con sette milioni sei. Inoltre, la disposizione costituzionale richiede che i voti di un *Land* siano espressi in modo unitario e per il tramite dei membri effettivamente presenti o per mezzo dei loro rappresentanti (c. d. *«Anwesenheitsgebot»*)[89].

Quest'ultima prescrizione – su cui ha avuto modo di pronunciarsi anche il *Bundesverfassungsgericht*[90] – si giustificherebbe con la circostanza che, essendo la posizione dei membri del governo necessariamente collegata a una rappresentanza di tipo territoriale e unitaria, sarebbe contraddittorio ammettere che i rappresentanti possano manifestare più volontà diverse in seno al Consiglio. Se così non fosse, infatti, dovrebbe ritenersi anche che *«ein Staat*

---

[88] H. B. BROCKMEYER, *Art. 51*, in *Kommentar zum Grundgesetz*, a cura di B. Schmidt-Bleibtreu e F. Klein, 9. Aufl., Neuwied-Kriftel, 1999, 884 ss., 889.

[89] Sul punto v. ancora W. KREBS, *Art. 51*, cit., 897.

[90] BVerfGE del 18 dicembre 2002, cit., p.to 137: *«Das Grundgesetz erwartet die einheitliche Stimmenabgabe und respektiert die Praxis der landesautonom bestimmten Stimmführer, ohne seinerseits mit geboten und Festlegungen in der Verfassungsraum des Landes überzugreifen»*.

gleichzeitig zwei oder mehr sich widersprechende Willen habe»[91].

4.3. *Le competenze del* Bundesrat

Secondo quanto dispone l'art. 50 GG, «attraverso il *Bundesrat, i Länder* collaborano[92] all'attività legislativa e amministrativa dello Stato federale, nonché alle questioni relative all'Unione europea»[93].

La disposizione, in tutta evidenza, non stabilisce la misura in cui dovrebbe realizzarsi la collaborazione del *Bundesrat*[94]. Ciò comporta che la previsione non abbia carattere generale e che, pertanto, i casi in cui l'organo è chiamato a collaborare, così come l'effettiva *portata* delle funzioni esercitate, debbano essere dedotti dalle singole disposizioni sparse nel testo della *Grundgesetz* e anche – fin dove ciò risulti costituzionalmente ammissibile – da leggi federali che lo prevedano espressamente[95].

---

[91] Così, con riguardo a quanto stabiliva l'art. 6 della *Reichsverfassung* del 1871, P. LABAND, *Deutsches Staatsrecht*, cit., 243.

[92] Cfr. W. KREBS, *Art. 50*, in *Grundgesetz – Kommentar*, cit, 867 ss., 871, il quale precisa che «collaborazione» vuol dire «*Teilhabe an den organisatorisch ausdifferenzierten Entscheidungsprozessen des Bundes ohne jegliche Wertung der rechtlichen Qualität dieser Teilhabe*»; cfr. anche BVerfGE 8, 104 ss., 120.

[93] Deve comunque ricordarsi che nel novero dei *Mitentscheidungsrechte* attribuiti dalla *Grundgesetz* al *Bundesrat* ve ne sono alcuni che non sono ascrivibili né all'attività legislativa, né a quella esecutiva: v. ad esempio l'art. 94, comma 1, GG, ove si stabilisce che «i membri del *Bundesverfassungsgericht* sono eletti dal *Bundestag* e dal *Bundesrat*, ciascuno per metà»; cfr. a tal proposito R. HERZOG, *Aufgaben des Bundesrates*, in *Handbuch des Staatsrechts*, cit., 489 ss., 499 s.

[94] Cfr. K. STERN, *Das Staatsrecht*, cit., II, 124.

[95] Cfr. BVerfGE 1, 299 ss., 311.

A) In relazione all'attività legislativa, la partecipazione del *Bundesrat* si realizza nei seguenti casi: 1) attraverso la presentazione di proposte di legge al *Bundestag* (art. 76, comma 1, GG); 2) rendendo il proprio parere sui disegni di legge presentati dal *Bundesregierung* al *Bundestag* (art. 76, comma 2, GG); 3) approvando (o non approvando) le leggi di modifica o di integrazione della Carta costituzionale; 4) approvando (o non approvando) le leggi deliberate dal *Bundestag* nel caso si tratti di leggi federali soggette ad approvazione (c. d. *Zustimmungsgesetze*); 5) esercitando il potere di veto sospensivo nei confronti delle leggi approvate dal *Bundestag*, in tutti i casi in cui non sia costituzionalmente prescritto un atto di approvazione del *Bundesrat* (c. d. *Einspruchsgesetz*)[96].

Ciò detto, ai fini di una maggiore comprensione della effettiva partecipazione del *Bundesrat* all'attività legislativa nelle ipotesi riferite *sub* 3), 4), e 5), appare necessario procedere a una descrizione unitaria della complessa disciplina che la Legge fondamentale riserva alle leggi federali.

---

[96] Oltre a ciò, devono, inoltre, menzionarsi ulteriori casi per i quali il *Bundesrat* è chiamato a "collaborare" attraverso un proprio atto di approvazione, che – in tutta evidenza – non sono in senso stretto ascrivibili all'attività legislativa del *Bund*: v. ad es. il *Gesetzgebungsnotstand*, di cui all'art. 81 GG, o anche il *Verteidigungsfall*, di cui all'art. 115 a, comma 1, GG; per ulteriori ipotesi v. anche G. ROBBERS, *Art. 50*, in *Grundgesetz Kommentar*, a cura di M. Sachs, 2. Aufl., Munchen, 1999, 1199 ss., 1204; in ordine al *Verteidigungsfall* è appena il caso di ricordare come la Legge fondamentale prevede che si proceda, inoltre, alla istituzione di una *Gemeinsame Ausschuss*, composta da due terzi di deputati del *Bundestag* e da due terzi dei membri del *Bundesrat*, incaricata, in caso di dichiarazione dello stato di difesa, di tutelare le competenze del *Bundestag* e del *Bundesrat*; in dottrina v., per tutti, K. STERN, *Das Staatsrecht*, cit., II, 163 ss.

Com'è noto, in conformità a quanto stabilisce l'art. 77, comma 1, GG, in Germania *tutte* le leggi federali vengono deliberate dal *Bundestag* e, dopo la loro approvazione, trasmesse immediatamente al *Bundesrat*. Entro tre settimane, il *Bundesrat* può richiedere che sia convocata una Commissione composta da membri del *Bundestag* e del *Bundesrat*, incaricata di elaborare «proposte comuni», volte a emendare, integrare o anche abrogare la legge deliberata dal *Bundestag*[97]. Tale previsione, come si evince dalla lettera della disposizione del comma 2 dell'art. 77 GG, risulta applicabile a *ogni* legge, e cioè tanto alle *Einspruchsgesetze* quanto alle *Zustimmungsgesetze*, e anche a quelle di modifica o integrazione della *Grundgesetz*[98].

A questo punto, però, la disciplina costituzionale «comune» all'approvazione delle leggi si arresta e segue percorsi differenti. Infatti, una volta che si sia concluso il procedimento dinanzi alla Commissione – e al di là degli esiti cui questa perviene – il *Bundesrat,* sempre che si tratti di *leggi non soggette ad approvazione,* può proporre opposizione contro la legge deliberata dal *Bundestag*. Con la conseguenza che, per respingere la deliberazione adottata dal

---

[97] In ordine al ruolo svolto dalla *Vermittlungsausschuss*, tra gli scritti più risalenti v. almeno R PIEPER, *Die staatsrechtliche Bedeutung des Vermittlungsausschusses gemäß Art. 77 des Grundgesetzes*, Mainz, 1954; cfr., inoltre, E. HASSELWEILER, *Der Vermittlungsausschuss. Verfassungsgrundlagen und Staatspraxis*, Berlin, 1981; M. DIETLEIN, *Zulässigkeitsfragen bei Anrufung des Vermittlungsausschusses*, in *AöR*, 1981, 525 ss.; H. BISMARK, *Grenzen des Vermittlungsausschusses*, in *DöV*, 1983, 269 ss.; più di recente v. M. CORNILS, *Politikgestaltung durch den Vermittlungsausschuss*, in *DVBl.*, 2002, 497 ss., 499 ss.; sui limiti all'attività di tale Commissione v. anche BVerfGE 72, 176 ss., 187 ss.; 78, 249 ss., 271; 101, 297 ss., 305 ss.

[98] R. SANNWALD, *Art.* 77, in *Kommentar zum Grundgesetz*, a cura di B. Schmidt-Bleibtreu e E. Klein, cit., 1177 ss., 1186 s.

Bundesrat a maggioranza dei suoi voti, il *Bundestag* deve deliberare a maggioranza dei suoi membri. Se, invece, «l'opposizione è deliberata a maggioranza dei due terzi dei voti», il rigetto dell'opposizione può avvenire solo a maggioranza qualificata.

Nel caso in cui si tratti di leggi soggette ad approvazione, invece, la disciplina costituzionale appare sensibilmente differente[99]. Se infatti la partecipazione alla formazione della legge semplice da parte del *Bundesrat* si configura come mera eventualità (in quanto – come si legge all'art. 78 GG – «una legge approvata dal *Bundestag* è adottata quando [il *Bundesrat*] non propone opposizione entro il termine di cui all'art. 77, comma 3, o la ritira, o l'opposizione è respinta»), nei casi in cui la Carta costituzionale espressamente richieda un atto di approvazione del *Bundesrat,* la partecipazione di tale organo deve rite-

---

[99] Sul punto cfr. R. HERZOG, *Aufgaben des Bundesrates,* cit., 492: «*Das Grundgesetz geht also von der Regel aus, daß die Gesetze des Bundes Einspruchsgesetze sind. In der Staatspraxis hat sich allerdings herausgestellt, daß 55-60 Prozent aller Gesetze die Zustimmung des Bundesrates benötigen*»; v. anche BVerfGE 37, 363 ss., 381, ove, pur affermandosi che «*das Erfordernis der Zustimmung zu einem Gesetz nach dem Grundgesetz die* Ausnahme *ist*» si precisa che «*die Zustimmung ist nur in bestimmten, im Grundgesetz einzeln ausdrücklich aufgeführten Fällen erforderlich, in denen der Interessenbereich der Länder* besonders stark *berührt wird*». È da tale premessa, e cioè dalla circostanza che, al di là della individuazione dei casi espressamente enumerati dalla Carta costituzionale, la *ratio* dell'approvazione del *Bundesrat* si leghi al coinvolgimento di specifici interessi dei *Länder,* che il Tribunale costituzionale, molto discutibilmente, può concludere che, ai fini della necessità del conseguimento dell'atto di approvazione da parte del *Bundesrat* in ordine ad una *Änderungsgesetz,* occorre guardare, molto più, al contenuto materiale della legge medesima: «*Es muß festgestellt werden, ob* [...] *das Gesetz* seinem Inhalt nach *zustimmungsbedürftig ist*» (BVerfGE 37, 366 ss., 382); sulla pronuncia v. anche la nota di H. SCHÄFER, in *DVBl.,* 1975, 101 ss.

nersi *indefettibile*[100]. Da ciò segue che, essendo la legge (semplice o costituzionale) validamente posta in essere (e cioè: perfetta) solo a seguito dell'approvazione data dal *Bundesrat* (art. 78 GG: «una legge approvata dal *Bundestag* è adottata quando è approvata anche dal *Bundesrat* ...»)[101], la partecipazione di tale organo all'adozione delle leggi federali semplici si concreta, in ultima analisi, in un'attività di *Mitbestimmung*[102] ovvero nell'esercizio di

---

[100] ...e da prestarsi «*in angemessener Frist*»: cfr. l'art. 77, comma 2 a, introdotto con la novella costituzionale del 27 ottobre 1994 (in *BGBl.*, I, 3146 ss.); sulla *ratio* della modifica costituzionale, quale esigenza di realizzare una «*Waffengleichheit*» rispetto alla prescrizione posta dall'art. 76, comma 3, frase 6, GG («Il *Bundestag* deve procedere entro un congruo termine alla discussione e alla deliberazione sui progetti di legge [presentati dal *Bundesrat*]), v., per tutti, K. G. MEYER-TESCHENDORF, *Die Vorschläge der Gemeinsamen Verfassungskommission zur Reform des Gesetzgebungsverfahrens*, in *DÖV*, 1994, 766 ss., 770; R. SANNWALD, *Die Reform des Grundgesetzes*, in *NJW*, 1994, 3313 ss., 3319.

[101] Deve, però, respingersi l'idea portata avanti da parte della dottrina, secondo cui l'ordinamento costituzionale tedesco conoscerebbe unicamente due differenti tipi di legge, e cioè: le c. d. *Einspruchsgesetze* e le c.d. *Zustimmungsgesetze*. La conseguenza di un siffatto modo di ricostruire il sistema delle fonti legislative, infatti, conduce tale dottrina ad accorpare sotto il medesimo *tipo* tanto le leggi federali ordinarie, che siano soggette ad approvazione del *Bundesrat*, quanto quelle costituzionali: in tal senso v. ad es. T. MAUNZ-R. SCHOLZ, *Art. 50*, in *Grundgesetz Kommentar*, a cura di T. Maunz e G. Dürig, Lfg. 36, 1999, München, 2001, 13.

[102] Tale ipotesi, infatti, deve essere mantenuta distinta da quella relativa alla partecipazione dei membri del *Bundesrat* in seno alla *Vermittlungsausschuss* di cui all'art. 77, comma 2, GG. In tale ultimo caso, infatti, solo apparentemente il *Bundesrat* finisce per esercitare funzioni analoghe a quelle esercitate da una seconda Camera, poiché la sua partecipazione (indiretta), pur concretandosi in un'attività di elaborazione di una «proposta congiunta» (*Einigungsvorschlag*), può essere superata con una nuova deliberazione da parte del *Bundestag*. Con la conseguenza che esso avrà, allora, unicamente possibilità di opporsi al testo legislativo nuovamente

funzioni analoghe a quelle esercitate da una seconda Camera nei sistemi parlamentari bicamerali[103].

B) In relazione all'attività amministrativa, in via esemplificativa, può ricordarsi come la collaborazione del *Bundesrat* sia costituzionalmente richiesta, sotto forma di approvazione, nel caso in cui il *Bundesregierung* proceda all'adozione di *allgemeine Verwaltungsvorschriften* (art. 85, comma 2, GG) oppure di *Rechtsverordnungen*. In quest'ultimo caso, secondo quanto stabilito dall'art. 80, comma 2, GG, l'atto di approvazione è richiesto qualora: 1) si tratti di *Rechtsverordnungen* volti a disciplinare alcuni specifici settori (es. l'utilizzo delle infrastrutture delle poste e delle telecomunicazioni; l'utilizzo, la costruzione e l'esercizio delle ferrovie del *Bund*); 2) tali atti siano adottati sulla base di leggi soggette ad approvazione necessaria del *Bundesrat;* 3) l'esecuzione delle leggi federali sia devoluta dal *Bund* ai *Länder* oppure a essi attribuita come competenza propria («*eigene Angelegenheit*»).

Sotto forma di *Informationsrecht*, invece, la partecipazione del *Bundesrat* avviene – per esempio – nel caso disciplinato dall'art. 53 GG, ove si prescrive che il Governo deve costantemente tenere al corrente il *Bundesrat* della gestione di tutti gli affari pubblici[104].

---

deliberato, secondo quanto previsto dall'art. 77, commi 3 e 4, GG (sul punto v. J. LÜCKE, *Art.* 77, in *Grundgesetz Kommentar*, a cura di M. Sachs, cit., 1489 ss., 1498 s.); ma in senso diverso D. SCHEFOLD, *Cooperazione politica e amministrativa. Il Bundesrat tedesco come modello di intreccio*, trad. it., in *Federalismo e regionalismo in Europa*, a cura di A. D'Atena, Milano, 1994, 165 ss., 172.

[103] Cfr. ancora J. LÜCKE, *Art.* 77, cit., 1496.

[104] In ordine alla collaborazione del *Bundesrat* all'attività amministra-

C) Con la 38ª legge di revisione costituzionale del 21 dicembre 1992 il testo dell'art. 50 GG è stato modificato. La nuova formulazione della disposizione prevede ora che la collaborazione del *Bundesrat* si estenda anche alle «questioni relative all'Unione europea».

La *ratio* della previsione costituzionale si collega alla necessità di porre rimedio alla progressiva *Kompetenzverlust* dei *Länder,* subita a partire dall'entrata in vigore dei Trattati istitutivi delle Comunità europee,[105] e di consentire loro di partecipare alle fasi del trasferimento dei relativi *Hoheitsrechte* in capo all'Unione europea[106].

Nello specifico, però, la concreta collaborazione dei *Länder* – che, in ogni caso, trova espressione in modo unitario e mediato nella posizione assunta di volta in volta dal *Bundesrat* – è disciplinata da altre disposizioni costituzionali e, in primo luogo, da quelle contenute nell'art. 23 GG[107].

---

tiva v. l'elencazione dei casi effettuata da W. KREBS, *Art. 50*, cit., 877; è da ricordare, inoltre, come il *Bundesrat* eserciti anche rilevanti funzioni di carattere giurisdizionale: sul punto v. L. VIOLINI, *Bundesrat,* cit., 53.

[105] Sul punto v. già H. P. IPSEN, *Als Bundesstaat in der Gemeinschaft,* in, *Probleme des europäischen Rechts. Festschrift für W. Hallstein,* a cura di E. V. Cammerer, H. J. Schlochauer e E. Steindorff, Frankfurt a. M., 1966, 256, il quale sottolineava come il diritto comunitario fosse affetto da «*Landesblindheit*».

[106] Sul punto si rinvia a E. DI SALVATORE, *I Länder tedeschi nel processo di integrazione europea,* in *L'Europa delle autonomie: le Regioni e l'Unione europea,* a cura di A. D'Atena, Milano, 2003, 117 ss.

[107] Ma cfr. anche l'art. 52, comma 3 a, GG, relativo alla formazione di una «*Europakammer*»: «Per le questioni attinenti all'Unione europea, il *Bundesrat* può costituire una *Europakammer,* le cui decisioni valgono come decisioni del *Bundesrat*; si applica in modo corrispondente l'art. 51, commi 2 e 3». In ordine alla complessa disciplina posta dall'art. 23 GG, v., invece, più diffusamente, K. SCHMALENBACH, *Der neue Europaartikel*

23 des Grundgesetzes im Lichte der Arbeit der Gemeinsamen Verfassungskommission. Motive einer Verfassungsänderung, Berlin, 1996, nonché R. HALF-MANN, *Entwicklungen des deutschen Staatsorganisationsrechts im Kraftfeld der europäischen Integration. Die Zusammenarbeit von Bund und Ländern nach Art. 23 GG im Lichte der Staatsstrukturprinzipien des Grundgesetzes,* Berlin, 2000, e, se si vuole, E. DI SALVATORE, *Integrazione europea e regionalismo: l'esempio tedesco,* in *Dir. pubbl. comp. eur.,* II, 2001, 513 ss.

2.

La potestà legislativa derogatoria dei Länder *tedeschi*

SOMMARIO: 1. Il principio dello Stato federale e il riparto delle competenze legislative nella *Grundgesetz* del 1949. – 2. Legislazione concorrente (*konkurrierende Gesetzgebung*) e legislazione-cornice (*Rahmengesetzgebung*). – 3. L'assetto delle competenze legislative dopo la *"Föderalismusreform I"* del 2006. – 4. La potestà legislativa derogatoria dei *Länder:* disciplina e problemi. – 5. La legge federale sulla protezione dell'ambiente e la cura del paesaggio (*BNatSchG*): il problema 1) dei «principi generali»; 2) delle «definizioni legali»; 3) della mancata previsione del necessario innalzamento del livello di tutela da parte dei *Länder.*

1. *Il principio dello Stato federale e il riparto delle competenze legislative nella* Grundgesetz *del 1949*

Il principio dello Stato federale (*Bundesstaatsprinzip*) è inteso dalla Costituzione tedesca del 1949 come un principio di struttura dello Stato che si snoda attraverso una «doppia statualità»[1]. Tanto il *Bund* quanto i *Länder* vengono infatti considerati come titolari di propri *Hoheitsrechte* e responsabili dell'ambito costituzionale assegnato loro

---

[1] Cfr. BVerGE 1, 14 ss., 34; v. anche BVerfGE 36, 342 ss., 360 s.; più diffusamente, in ordine agli sviluppi della giurisprudenza costituzionale sul *Bundesstaatsprinzip*, v. per tutti S. OETER, *Integration und Subsidiarität im deutschen Bundesstaatsrecht. Untersuchungen zur Bundesstaatstheorie unter dem Grundgesetz,* Tübingen, 1998, 185 ss.

dalla *Grundgesetz*.[2] Il riconoscimento di questa duplice *Staatsqualität* comporta che i rapporti tra i due livelli di governo, lungi dal ricomporsi secondo un criterio di tipo gerarchico[3], restino informati al principio posto dall'art. 30 GG[4], ove si dice che «l'esercizio delle competenze e l'assolvimento dei compiti statali spettano ai *Länder*, salvo che la presente Legge fondamentale non disponga diversamente o non ammetta una disposizione contraria»[5]. Questo principio trova conferma nella disposizione dell'art. 70 GG[6], che, mentre nel secondo comma fissa il

---

[2] K. STERN, *Das Staatsrecht der Bundesrepublik Deutschland. Grundbegriffe und Grundlagen des Staatsrechts, Strukturprinzipien der Verfassung*, I, 2. Aufl., München, 1984, 667; J. ISENSEE, *Idee und Gestalt des Föderalismus im Grundgesetz*, in *Handbuch des Staatsrechts der Bundesrepublik Deutschland*, a cura di J. Isensee e P. Kirchhof, IV, Heidelberg, 1990, 607 s.

[3] J. ISENSEE, *Idee und Gestalt*, cit., 564 ss.

[4] Salvo diversa indicazione, in questa sede si fa riferimento alla traduzione della *Grundgesetz* pubblicata in *Le Costituzioni tedesche da Francoforte a Bonn. Introduzione e testi*, a cura di F. LANCHESTER, II ed. agg. ampl., Milano, 2009.

[5] Dal punto di vista storico, una previsione siffatta si spiegherebbe alla luce della "natura" statale delle "attribuzioni" che gli Stati membri di una Federazione tenderebbero a conservare nel passaggio dalla Confederazione allo Stato federale: in questo senso chiaramente A. D'ATENA, *Diritto regionale*, Torino, 2010, 15; sul significato espresso dalla disposizione dell'art. 70 GG v. ora B. FASSBENDER, *„Staatliche Befugnisse und Aufgaben" im Sinne von Art. 30 GG als innere und auswärtige Kompetenzen des Bundes und der Länder*, in *DÖV*, 2011, 714 ss., il cui lavoro – in opposizione alla *"Differenzierungslehre"* – è tutto teso a dimostrare come la previsione costituzionale dell'art. 32 GG non si ponga affatto in deroga a quanto previsto dall'art. 30 GG.

[6] Lo stesso sarebbe da dirsi per le disposizioni di cui agli artt. 83 e 92 GG: cfr. ad es. J. PIETZCKER, *Zuständigkeitsordnung und Kollissionsrecht im Bundesstaat*, in *Handbuch des Staatsrechts der Bundesrepublik Deutschland*, a cura di J. Isensee e P. Kirchhof, IV, cit., 693 ss., 696; B. FASSBENDER, *„Staatliche Befugnisse und Aufgaben"*, cit., 715.

principio della delimitazione delle competenze legislative tra i due livelli statali[7] (escludendo, con ciò, «soluzioni condominiali»)[8], al primo comma, e con diversa formulazione, afferma che «I *Länder* hanno facoltà di legiferare nei limiti in cui la presente Legge fondamentale non attribuisca competenze legislative allo Stato federale»[9].

Da questo punto di vista – al fine di garantire il mantenimento della competenza dei *Länder* – si è precisato che occorresse interpretare in modo assolutamente rigoroso il significato delle materie devolute dall'art. 73 GG[10]

---

[7] Art. 70, comma 2, GG: «La delimitazione delle competenze dello Stato federale e dei *Länder* si effettua in base alle disposizioni della presente Legge fondamentale relative alla legislazione esclusiva e concorrente».

[8] J. ISENSEE, *Der Bundesstaat – Bestand und Entwicklung*, in *FS 50 Jahre Bundesverfassungsgericht*, a cura di P. Badura e H. Dreier, II, Tübingen, 2001, 719 ss., 739, il quale qualifica come «*Kondominiallösungen*» i «compiti comuni» di cui agli artt. 91 a e 91 b GG, ritenendo che essi siano «*Fremdkörper im Kompetenzsystem*»; in senso analogo, con riferimento alla legislazione-cornice di cui all'art. 75 GG, anche P.M. HUBER, *Föderalismusreform I – Versuch einer Bewertung* (dattiloscritto), 15.

[9] Questa previsione andrebbe letta alla luce di quanto la dottrina più autorevole da tempo osserva, e cioè che nei sistemi federali il riparto delle competenze segue tradizionalmente la seguente regola: la competenza generale risulta disposta in favore degli Stati membri, mentre quella enumerata è attribuita in capo alla Federazione: cfr. A. D'ATENA, *Diritto regionale*, loc. ult. cit.

[10] Il discorso deve essere esteso finanche ai casi di competenza esclusiva del *Bund*, che risultino disciplinati in altre parti del testo costituzionale: v. ad es. l'art. 105 GG, in materia di dazi doganali e monopoli fiscali; è appena il caso di ricordare che i *Länder*, se autorizzati espressamente da una legge federale, possono persino legiferare nelle materie riservate alla competenza esclusiva del *Bund* (art. 71 GG): in proposito W. RUDOLF, *Die Ermächtigung der Länder zur Gesetzgebung im Bereich der ausschließlichen Gesetzgebung des Bundes*, in *AöR*, 1963, 159 ss.; H.-W. RENGELING, *Gesetzgebungszuständigkeit*, in *Handbuch des Staatsrechts*, cit., 748 ss.

alla competenza esclusiva del *Bund*[11]. Precisazione, questa, che alla prova dei fatti si è però rivelata inutile, atteso che il rispetto di quel principio ha incontrato notevoli difficoltà applicative, scontrandosi con una prassi che ha di gran lunga favorito l'esercizio delle competenze legislative da parte del *Bund*, sia attraverso il riconoscimento di competenze «non scritte»[12], sia facendo leva sulle potenzialità insite nella disciplina della *konkurrierende Gesetzgebung* (legislazione concorrente) (art. 72 GG) e della *Rahmengesetzgebung* (legislazione-cornice) (art. 75 GG). Per queste ragioni, il Parlamento tedesco ha modificato per ben due volte la disciplina posta dall'art. 72 GG e ha infine deciso di sopprimere l'art. 75 GG, anche in ragione delle incertezze che la mancata distinzione delle sfere di competenza dischiudeva in ordine all'attuazione delle direttive comunitarie[13].

---

[11] Sul divieto di interpretazione estensiva delle competenze esclusive del *Bund* v. ad es. BVerfGE 26, 281 ss., 297 s.; in dottrina v. per tutti W. ERBGUTH, *Bundesstaatliche Kompetenzverteilung im Bereich der Gesetzgebung*, in *DVBl.*, 1988, 317 ss., 318; H.-W. RENGELING, *Gesetzgebungszuständigkeit*, cit., 723 ss., 735.

[12] Ci si riferisce qui al problema delle competenze «non scritte» del *Bund*, che la dottrina e la giurisprudenza costituzionale hanno talvolta ricavato dalla «natura delle cose» o in forza della «connessione con la materia» (o, come sottotipo di questa competenza, in virtù di quella «annessa»): cfr. H.-W. RENGELING, *Gesetzgebungszuständigkeit*, cit., 745 ss.; R. SANNWALD, *Art. 70*, in *Kommentar zum Grundgesetz*, a cura di B. Schmidt-Bleibtreu e F. Klein, 9. Aufl., Neuwied-Kriftel, 1999, 982 ss., 992 s.; ma v. anche M. BULLINGER, *Ungeschriebene Kompetenzen im Bundesstaat. Die Rechtsprechung des BVerfG zur Zuständigkeit von Bund und Ländern kraft Sachzusammenhangs und kraft Natur der Sache*, in *AöR*, 1971, 237 ss.

[13] Cfr. per tutti R. SANNWALD, *Art. 75*, in *Kommentar zum Grundgesetz*, cit., 1137 ss., 1144.

2. *Legislazione concorrente* (konkurrierende Gesetzgebung) *e legislazione-cornice* (Rahmengesetzgebung)

L'art. 72, comma 1, GG disciplina l'esercizio della competenza legislativa «concorrente» (*konkurrierende Gesetzgebung*)[14] stabilendo che «i *Länder* hanno la facoltà di legiferare fintantoché (*solange*) e fin dove (*soweit*) il *Bund* non abbia esercitato con legge la propria competenza legislativa».

In base a questa previsione, l'intervento legislativo su talune materie espressamente individuate dalla Costituzione spetta o al *Bund* o ai *Länder*. Se il *Bund* esercita la potestà legislativa, si produce un effetto "paralizzante": i *Länder* non potranno più intervenire nella disciplina di quella materia e qualora abbiano già adottato una legge in proposito, questa sarà considerata invalida (*nichtig*). L'intervento spiegato dal *Bund* non comporta, infatti, una sospensione dell'efficacia delle norme adottate dai *Länder*, atteso che un'eventuale successiva abrogazione della legge da parte del *Bund* non farebbe "rivivere", per ciò solo, tali norme.[15] Questo vuol dire che se, a seguito dell'abrogazione della legge federale, i *Länder* volessero disciplinare nuovamente una certa materia, essi – a meno

---

[14] Durante i lavori dell'Assemblea Costituente questo tipo di competenza venne, invero, definita come «legislazione di prevalenza» (*Vorranggesetzgebung*): cfr. J. ISENSEE, *Der Bundesstaat*, cit., 739, nt. 102; cfr. anche J. SANDEN, *Die Weiterentwicklung der föderalen Strukturen der Bundesrepublik Deutschland*, Berlin, 2005, 272; maggiori notizie in R. STETTNER, Art. 72, in *Grundgesetz Kommentar*, a cura di H. Dreier, II, Tübingen, 2006, 1599, 1600.

[15] *Ex plurimis* BVerfGE 29, 11 ss., 17; 33, 224 ss., 232.

che il *Bund* non lo avesse vietato[16] e sempreché sia stata previamente dichiarata con legge la cessata necessità della disciplina federale[17]– potrebbero farlo, ma solo attraverso un nuovo intervento legislativo. In ogni caso, l'esercizio della competenza da parte del *Bund* e l'intensità dell'intervento stesso restano subordinati al rispetto di alcune condizioni.

Nella sua versione originaria, il comma 2 dell'articolo precisava che il *Bund* potesse esercitare la competenza legislativa solo in caso di «bisogno» (*Bedürfnis*) e qualora ricorresse una delle seguenti condizioni: che una questione non potesse essere efficacemente disciplinata dai singoli *Länder*; che la disciplina legislativa di una *Land* potesse ledere gli interessi degli altri *Länder* o della collettività; che lo giustificasse la tutela dell'unità giuridica o dell'unità economica dello Stato, e in particolar modo la tutela delle condizioni di vita dei tedeschi. L'ampiezza della formula utilizzata, unitamente al fatto che la disposizione costituzionale ancorasse l'intervento legislativo del *Bund* al presupposto del «bisogno», ha favorito un ricorso disinvolto e sistematico all'art. 72 da parte della Federazione e ha comportato che si svuotasse di contenuto l'autonomia legislativa dei *Länder*. Epilogo, questo, che si è determinato più facilmente in virtù di un orientamento del Tribunale costituzionale federale, il quale, a partire dal 1953, ha sostenuto che la valutazione del «bisogno» dell'intervento fosse riconducibile unicamente alla discrezionalità legislativa del Parlamento: a una decisione poli-

---

[16] Cfr. H.-W. RENGELING, *op. cit.*, 774.
[17] Art. 72, comma 4, GG e art. 93, comma 2, GG.

tica per sua natura non giustiziabile e, perciò, sottratta in via di principio al controllo di legittimità costituzionale[18]. In questo modo, nelle mani del giudice costituzionale sarebbe residuato solo un controllo sulla ragionevolezza delle scelte legislative effettuate[19]. La difficoltà oggettiva di vincolare il *Bund* al rispetto dei presupposti recati dall'art. 72 GG e di consentire che sulle leggi da questo adottate si svolgesse un pieno scrutinio di legittimità da parte del Tribunale costituzionale ha portato il Parlamento tedesco a modificare l'art. 72 GG[20]. Con ciò si è stabilito che l'intervento legislativo del *Bund* potesse darsi solo se «necessario» (*erforderlich*) e solo se indirizzato a creare condizioni di vita «equivalenti» (e non più uniformi) su tutto il territorio nazionale o finalizzato a garantire il mantenimento dell'unità giuridica o economica del Paese. Inoltre, si è affidato al Tribunale

[18] BVerGE 2, 213, 224 s.; cfr. in proposito H.-W. RENGELING, *op. cit.*, 775.

[19] BVerfGE 13, 230 ss., 233; in questa occasione, il Tribunale precisava che le condizioni poste dall'art. 72, comma 2, GG («la tutela uniforme delle condizioni di vita» e la «tutela dell'unità giuridica ed economica») fossero da qualificare come «concetti giuridici indeterminati», passibili di definizione ad opera del *Bund*; detti concetti sarebbero stati da interpretare secondo un significato assolutamente restrittivo (BVerfGE 26, 338 ss., 382; 33, 224 ss., 229; 34, 9 ss., 39): cfr. ancora J. SANDEN, *op. cit.*, 272 s.

[20] 42ª Legge di revisione costituzionale del 27 ottobre 1994 (in *BGBl.* I, 3146 ss.). Nel 1970, invero, il *Bundestag* istituì una Commissione parlamentare, affinché elaborasse un progetto di modifica costituzionale dell'art. 72, comma 2, GG. Detta Commissione, tuttavia, non terminò i propri lavori, in ragione della anticipata fine della Legislatura (1972). Nel 1973, il *Bundestag* istituì, quindi, una nuova Commissione, che, nella proposta elaborata (1977), sottolineò l'esigenza che l'intervento legislativo del *Bund* restasse ancorato a una oggettiva «necessità» (*Erforderlichkeit*). Tale progetto non ebbe alcun seguito.

costituzionale il compito di verificare il rispetto delle condizioni poste dall'art. 72, se in questo richiesto dal *Bundesrat*, dal Governo o dalla «rappresentanza popolare di un *Land*» (*Landtag*) (art. 93, comma 2 a, GG). Nonostante la modifica costituzionale occorsa, però, sarebbero trascorsi dieci anni prima che il Tribunale costituzionale giungesse a una dichiarazione di illegittimità di una legge del *Bund* per violazione dei presupposti di cui all'art. 72 GG[21]. Per quanto concerne la legislazione-cornice (*Rahmengesetzgebung*), l'art. 75 GG – più volte modificato[22] e quindi, infine, abrogato[23] – stabiliva: «Il *Bund*, alle condizioni fissate dall'art. 72, ha il diritto di adottare disposizioni-

---

[21] BVerfGE 110, 141 ss.; in una decisione del 2001, il Tribunale costituzionale aveva ribadito come fosse necessario trovare un punto di equilibrio tra l'attuazione dei «concetti giuridici indeterminati» (*ex* art. 72, comma 2, GG) e la discrezionalità legislativa propria del *Bund* (BVerfGE 104, 23 ss.). L'anno successivo, tuttavia, esso avrebbe chiarito che quei presupposti fossero di natura «fattuale» (BVerfGE 106, 62 ss., 145, ove si afferma che la tutela dell'unità giuridica o economica concerne «direttamente i presupposti istituzionali dello Stato e solo indirettamente le condizioni di vita dei cittadini»); in questa occasione, in ragione del fatto che solo eccezionalmente si sarebbe potuto derogare al principio di cui all'art. 70 GG, il Tribunale ha verificato che l'intervento legislativo del *Bund* non si spingesse oltre quanto strettamente necessario per conseguire le finalità sottese alla legge (cfr. R. STETTNER, *op. cit.*, 1608 ss., ed ivi ragguagli sulla definizione della portata dei presupposti *ex* art. 72, comma 2, GG).

[22] 22ª legge di revisione costituzionale del 12 maggio 1969 (in *BGBl.* I, 363 ss.); 29ª legge di revisione costituzionale del 18 marzo 1971 (in *BGBl.* I, 207 ss.); 42ª legge di revisione costituzionale del 27 ottobre 1994, cit.

[23] 52ª legge di revisione costituzionale del 28 agosto 2006 (in *BGBl.* I, 2034 ss.); la c.d. *"Föderalismusreform I"* è entrata in vigore il 1° settembre dello stesso anno.

cornice (*Rahmenvorschriften*) per la legislazione dei *Länder*» sulle (poche) materie ivi elencate, come la caccia, la tutela della natura e la cura del paesaggio.

In base a questa previsione costituzionale, e in relazione agli oggetti considerati dall'art. 75 GG, il *Bund* era autorizzato ad adottare «direttive» per il legislatore del *Land*[24]; ciò che gli era impedito era recare prescrizioni di carattere negativo, finalizzate unicamente a limitare la competenza legislativa dei *Länder*[25]. Alcune questioni restavano, tuttavia, non chiarite. Tra esse, in particolare, quella in ordine alla sussistenza di un implicito dovere costituzionale per i *Länder* di dare attuazione alle disposizioni-cornice adottate dal *Bund* e quella relativa alla possibilità per la Federazione di recare disposizioni di dettaglio direttamente efficaci nei confronti dei cittadini. Problemi, questi, che furono risolti in modo non univoco dalla dottrina[26] e che portarono il Tribunale costituzionale ad attestarsi su posizioni non particolar-

---

[24] Sul significato di «*Rahmen*» (e sull'effetto di duplice «*Abgrenzung*» – verso l'interno e verso l'esterno – che ne seguirebbe), nonché di «*Vorschriften*» v. per tutti W. ERBGUTH, *Bundesstaatliche Kompetenzverteilung*, cit., 322 ss.

[25] BVerfGE 4, 115 ss., 137 s.; al di là del richiamo effettuato dallo stesso art. 75 GG alle condizioni fissate per la legislazione concorrente, limiti più specifici sarebbero stati da trarre dalle singole materie attratte entro questo tipo di potestà legislativa: cfr. K. STERN, *Das Staatsrecht*, cit., 681 s., ed ivi il riferimento agli «*allgemeine Grundsätze des Hochschulwesens*» e agli «*allgemeine Rechtsverhältnisse der Presse*».

[26] Per la discussione sul punto v. H.-W. RENGELING, *op. cit.*, 833 s.; K. STERN, *Das Staatsrecht*, cit., 680 (il quale, non senza ambiguità, scriveva: «*die Länder diese Rahmen durch Landesgesetze ausfüllen können und müssen*»); rispetto alla posizione del *Bund*, doveva, invece, ritenersi pacifico che esso fosse politicamente libero di esercitare o non esercitare la potestà legislativa.

mente rigide[27]; almeno fino al 1994[28], quando il legislatore costituzionale, attraverso l'aggiunta di due nuovi commi all'art. 75 GG, avrebbe precisato che solo eccezionalmente la legge del *Bund* potesse contenere previsioni dettagliate o immediatamente vincolanti e che i *Länder* non potessero omettere di dar seguito, entro un termine certo fissato dalla legge federale, alle «direttive» impartite dal *Bund*.

3. *L'assetto delle competenze legislative dopo la* "Föderalismusreform I" *del 2006*

Nell'ottobre del 2003[29] il Parlamento tedesco aveva istituito una «Commissione comune per la modernizzazione dell'ordinamento federale», i cui lavori venivano però sospesi l'anno successivo a causa del mancato accordo politico sul riparto delle competenze legislative tra

---

[27] Circa la immediata efficacia delle disposizioni-cornice v. ancora BVerfGE 4, 115 ss., 130: «*Er [der Bund] kann entweder Richtlinien für den Landesgesetzgeber geben oder Rechtsvorschriften erlassen, die für jedermann unmittelbar verbindlich sind*»; v. anche BVerfGE 80, 137 ss., 157; in proposito, v. per tutti T. MAUNZ, *Gesetzgebung und Verwaltung in den deutschen Verfassungen*, in *Vom Bonner Grundgesetz zur gesamtdeutschen Verfassung. Festschrift zum 75. Geburtstag von Hans Nawiasky*, a cura di T. Maunz, München, 1956, 255 ss., 261 s.; W. ERBGUTH, *Bundesstaatliche Kompetenzverteilung*, cit., 322.

[28] V. *infra* nt. 22; su tali modifiche v. R. SANNWALD, *Art. 75*, cit., 1142 ss.

[29] «*Einsetzung einer gemeinsamen Kommission von Bundestag und Bundesrat zur Modernisierung des bundesstaatlichen Ordnung*» (*Bundesstaatskommission*), BR-Drs. 750/03; BT-Drs. 15/1685; cfr., inoltre, l'ulteriore documentazione pubblicata in *Deutschland vor der Föderalismus-Reform. Eine Dokumentation*, a cura di R. Hrbek e A. Eppler, Tübingen, 2003.

Bund e *Länder* in materia di istruzione[30]. Il superamento dell'impasse si è avuto solo nel 2005, a seguito della formazione della *Große Koalition* guidata da *Angela Merkel*, che nel giro di un anno è riuscita a varare un'ampia e incisiva riforma dello Stato federale[31].

La *Föderalismusreform I*[32] ha modificato ben 25 articoli della Carta costituzionale e ha dettato, tra le altre cose, una nuova disciplina del riparto delle competenze legislative[33]. Da questo punto di vista, si è abrogato l'art. 75 GG (effettuandosi, per conseguenza, una nuova redistribuzione delle materie prima considerate dall'articolo) e si è in parte riscritto l'art. 72 GG, allo scopo di rendere più flessibile il riparto delle competenze. Immutata resta la

---

[30] V. H.-J. BLANKE-W. SCHWANENGEL, *Zur Lage des deutschen Föderalismus*, in *Zustand und Perspektiven des deutschen Bundesstaates*, a cura di H.-J. Blanke e W. Schwanengel, Tübingen, 2005, 5 ss., 15; v. anche F. W. SCHARPF, *Nicht genutzte Chancen der Föderalismusreform*, in *Ende des rotgrünen Projekts. Eine Bilanz der Regierung Schröder 2002-2005*, a cura di C. Egle e R. Zohlnhöfer, Wiesbaden, 2007, 197 ss.

[31] Osserva J. V. BLUMENTHAL, *La riforma costituzionale del 2006 e il «nuovo» federalismo*, trad. it., in *La Germania di Angela Merkel*, a cura di S. Bolgherini e F. Grotz, Bologna, 2010, 43 ss., 43, che, storicamente, riforme incisive del sistema federale sono state rese possibili in Germania solo grazie alla presenza di una *Große Koalition*, come è accaduto già nel 1969, quando si è introdotta in Costituzione una disciplina dei c.d. «compiti comuni».

[32] Con legge di revisione costituzionale del 29 luglio 2009 (in *BGBl*. I, p. 2248 ss.) il Parlamento tedesco ha varato la c.d. *Föderalismusreform II*, relativa alle relazioni finanziarie tra il *Bund*, i *Länder* e i Comuni. La riforma ha modificato gli artt. 91 c, 91 d, 104 b, 109, 109 a, 115 e 143 GG; in proposito può vedersi D. BUSCHER, *Der Bundesstaat in Zeiten der Finanzkrise. Ein Beitrag zur Reform der deutschen Finanz- und Haushaltsordnung (Föderalismusreform)*, Berlin, 2010.

[33] Per un sguardo di insieme sulle novità introdotte dalla riforma v. ancora J. V. BLUMENTHAL, *La riforma costituzionale*, cit., 45 ss.

regola posta dal primo comma dell'articolo, di cui si è detto più sopra (§ 2). Questa regola, tuttavia, viene ora riferita a due diverse fattispecie, considerate separatamente dai successivi commi 2 e 3. In relazione ad alcune materie contemplate nell'elenco dell'art. 74 GG, come per esempio il diritto di soggiorno e di stabilimento degli stranieri, l'assistenza sociale, il diritto dell'economia (miniere, industria, energia, ecc.), la circolazione stradale, l'intervento legislativo del *Bund* continua a essere ammissibile solo in quanto «necessario» (*erforderlich*) e solo se volto a ottenere condizioni di vita equivalenti su tutto il territorio nazionale o finalizzato a garantire il mantenimento dell'unità giuridica o economica del Paese. A prescindere dalla sussistenza delle condizioni appena citate, in relazione ad altre materie – come per esempio la caccia, la tutela della natura e del paesaggio, la gestione delle acque – si prevede, invece, che qualora il *Bund* abbia esercitato la competenza legislativa, i *Länder* possono adottare con legge «disposizioni derogatorie» (*abweichende Regelungen*)[34]. Per ogni altra materia non attratta né nel primo né nel secondo comma dell'art. 72 GG – come,

---

[34] V. anche l'art. 84, comma 1, GG, ove risulta stabilito che, qualora l'esecuzione delle leggi federali spetti ai *Länder*, questi hanno il diritto di disciplinare l'organizzazione degli uffici e il procedimento amministrativo, a meno che il *Bund*, con la sua legge, non abbia disposto diversamente. In questa evenienza, tuttavia, i *Länder* potrebbero adottare disposizioni in deroga alla legge del *Bund* e la disciplina applicabile sarebbe quella posta dall'art. 72, comma 3, GG. Diversamente da quanto sancito dall'art. 72 GG, l'art. 84 prevede, però, che in casi eccezionali, in ragione di un particolare «bisogno» di disciplina unitaria federale, il *Bund* – con legge soggetta ad approvazione necessaria del *Bundesrat* – possa disciplinare il procedimento amministrativo senza possibilità di deroga da parte dei *Länder*: cfr. per tutti P.M. HUBER, *op. cit.*, 19 s.

per esempio, il diritto civile, il diritto penale, l'incentivazione alla produzione agricola e forestale – l'intervento legislativo del *Bund* risulta ora libero da qualsivoglia condizione, nel senso che può essere spiegato anche quando non sussista alcuna necessità in proposito e a prescindere dalla circostanza che con ciò si vogliano realizzare condizioni di vita equivalenti sul territorio nazionale o garantire l'unità giuridica o economica del Paese. In questo caso, una volta che il *Bund* sia intervenuto, i *Länder* non possono adottare disposizioni in deroga alla normativa federale.

4. *La potestà legislativa derogatoria dei* Länder: *disciplina e problemi*

In ordine alle materie elencate dall'art. 72, comma 3, GG, il *Bund* può intervenire con legge. Una volta che il *Bund* abbia esercitato la competenza legislativa, i *Länder* possono adottare con legge «disposizioni derogatorie». «In questi ambiti» – dichiara l'art. 72 GG – «le leggi federali entrano in vigore non prima di sei mesi dopo la loro pubblicazione [*Verkündung*], salvo che non sia stato stabilito diversamente con l'assenso del *Bundesrat*. Circa gli ambiti di cui alla prima frase, nei rapporti tra il diritto federale e quello dei *Länder* prevale la [relativa] legge successiva».

Queste previsioni hanno posto non pochi problemi circa: A) il rapporto tra il *Bund* e i *Länder*; B) gli effetti giuridici che discendono dall'intervento legislativo dell'uno e dell'altro.

A) L'intervento legislativo del *Bund* e dei *Länder* può investire la materia nella sua interezza; quello dei *Länder* risulta invece condizionato da quanto sancito (espressamente o implicitamente): 1) dall'art. 125 b GG; 2) dall'art. 72, comma 3, GG.

1) Sulle materie della caccia, della distribuzione del suolo e della pianificazione territoriale – precedentemente attratte entro la *Rahmengesetzgebung* di cui all'art. 75 GG – il *Land* può legiferare anche se il *Bund* non sia intervenuto nella disciplina con (nuova) legge. Questo vuol dire che esso può derogare alla normativa federale preesistente all'entrata in vigore della riforma costituzionale (1° settembre 2006)[35] e che la legge eventualmente adottata resta in vigore fino a quando il *Bund* non decida di esercitare la sua competenza; nel qual caso, si applicherà l'art. 72, comma 3, GG.

In ordine, invece, alle materie della protezione della natura e cura del paesaggio, della gestione delle acque e delle licenze e diplomi di istruzione superiore, il *Land* può adottare disposizioni derogatorie solo «se e nella misura» in cui [*wenn und soweit*] il *Bund* abbia esercitato la sua competenza legislativa dopo il 1° settembre 2006 (ma entro il 1° gennaio 2010 per la protezione della natura e la cura del paesaggio e per la gestione delle acque ed entro il 1° gennaio 2008 per le licenze e i diplomi di istruzione superiore). Ciò comporta che se a tutt'oggi il *Bund* non

---

[35] Ma è da osservare come in materia di «distribuzione del suolo» non vi fosse alcuna legge federale: cfr. H.-G. HENNECKE, *Art. 125 b GG*, in *Kommentar zum Grundgesetz*, a cura di B. Schmidt-Bleibtreu e F. Klein, cit., 2422 ss., 2423.

fosse ancora intervenuto nella disciplina di quelle materie, il *Land* potrebbe adottare la sua legge e con questo derogare alla pregressa legislazione-cornice.

2) L'intervento legislativo del *Land* può interessare anch'esso la *materia* nella sua totalità, e ciò tanto nel caso in cui il legislatore federale intervenga con legge, quanto nell'eventualità che esso non intervenga affatto o intervenga solo parzialmente[36].

Nel primo caso, l'intervento derogatorio del *Land* – che sempre deve darsi attraverso puntuali ed espresse disposizioni e la cui intensità è inevitabilmente collegata al *quantum* disciplinato dal *Bund* – sarebbe in condizione di investire persino quelle norme che la Federazione qualificasse come «principi generali»; a meno che – si intende – ciò non resti escluso dalla stessa Carta costituzionale, come accade in relazione alla «protezione della natura e la cura del paesaggio» dove si fanno «salvi», appunto, i «principi generali»: qui, si badi, la disposizione dell'art. 72, comma 3, GG esclude solo che il *Land* possa derogare agli eventuali principi fissati dallo Stato, non già che, in assenza di una legge federale, esso non possa intervenire nella disciplina dei principi. Se così non fosse – e a meno di non ammettere che i principi generali siano da trarre dalla legislazione federale preesistente – il *Land* sarebbe impossibilitato a esercitare la sua competenza. Del resto, la materia della «protezione della natura e la cura del paesaggio» soggiaceva per l'innanzi alla disciplina della *Rah-*

---

[36] Cfr. C. DEGENHART, *Verfassungsrechtliche Rahmenbedingungen der Abweichungsgesetzgebung*, in *DÖV*, 2010, 422 ss., 426.

mengesetzgebung ex art. 75 GG, in base alla quale solo allo Stato era riservata la competenza sui «principi generali»[37].

A chi osservasse inoltre che, in questo modo, si correrebbe il rischio di ridurre lo *standard* di tutela apprestato dal legislatore federale, si potrebbe rispondere che il *Land* è tenuto anche in questa evenienza a osservare i precetti costituzionalmente sanciti: dell'art. 20 a GG[38], della lealtà federale (*Bundestreue*), degli obblighi che discendono dal diritto dell'Unione europea, ecc.

Nel secondo caso, e cioè in assenza di una legge federale o in relazione ai profili della materia non interessati dalla legge del *Bund*, il *Land* resta libero di dettare la disciplina che vuole[39]. In questa circostanza, tuttavia, la

---

[37] Oggi «la protezione della natura e la cura del paesaggio» è materia considerata sia dall'art. 72, comma 3, sia dall'art. 74, comma 1, n. 29.

[38] Art. 20 a GG: «Nell'ambito dell'ordinamento costituzionale, lo Stato, in considerazione anche della sua responsabilità nei confronti delle generazioni future, protegge i fondamenti naturali della vita e gli animali, attraverso la legislazione e, conformemente alla legge e al diritto, attraverso i poteri esecutivo e giurisdizionali».

[39] Discussa è la possibilità che il *Land* adotti disposizioni solo apparentemente derogatorie di quelle recate dal *Bund*: o perché recepite con identica formulazione o perché nella sostanza coincidenti con esse. A tal proposito, la dottrina ha sostenuto l'incostituzionalità di una soluzione siffatta, unitamente all'inammissibilità di una legislazione meramente "negativa" che veda il *Land* dichiarare in tutto o in parte la *Nichtgeltung* della legge del *Bund*: cfr. C. DEGENHART, *Verfassungsrechtliche Rahmenbedingungen*, cit., 425 e 426: l'art. 72, comma 3, GG discorre espressamente di «*abweichenden* Regelungen»; «*eine Regelung aber liegt dann nicht mehr vor, wenn der Landesgesetzgeber im Sinne einer bloße Negativgesetzgebung die Nichtgeltung einer bundesgesetzlichen Regelung anordnet [...]*». Tanto più – si argomenta – che la riproduzione pedissequa di disposizioni già contenute nella legge federale finirebbe per consentire alle Corti costituzionali dei *Länder* di pronunciarsi, di fatto, sulla legittimità dei contenuti della legge del *Bund* e di interpretare le disposizioni della legge regionale in modo del tutto autonomo e originale; in questo caso, la stes-

legge resterebbe soggetta al principio posto dall'art. 31 GG[40].

B) Una volta adottata, la legge federale spiega la sua efficacia trascorsi sei mesi dalla pubblicazione (salvo che, con l'assenso del *Bundesrat*, la stessa legge non stabilisca un termine differente)[41]. A partire da quel momento[42], il *Land* che intendesse recare una differente disciplina della materia potrebbe farlo, dichiarando contestualmente di voler espressamente derogare alla normativa adottata dal *Bund*[43].

---

sa interpretazione della legge federale finirebbe per restare condizionata da quella resa in sede locale (C. DEGENHART, *op. cit.*, 426).

[40] Art. 31 GG: «Il diritto federale prevale [*bricht*] sul diritto del *Land*»; su questa prescrizione sia consentito rinviare a E. DI SALVATORE, *The Supremacy of European law in the Treaty establishing a Constitution for Europe in the light of Community experience*, in *Governing Europe under a Constitution*, a cura di H.-J. Blanke e S. Mangiameli, Heidelberg, 2006, 375 ss., 385 ss., ed ivi letteratura citata.

[41] Questa eventualità potrebbe ricorrere nel caso in cui occorra corrispondere agli obblighi (di attuazione) del diritto dell'Unione europea: cfr. in proposito L. MAMMEN, *Der neue Typus der konkurrierenden Gesetzgebung mit Abweichungsrecht*, in *DÖV*, 2007, 376 ss., 379.

[42] Parte della dottrina (C. DEGENHART, *Verfassungsrechtliche Rahmenbedingungen*, cit., 427 s.) si interroga sul momento a partire dal quale sia esercitabile la deroga; la domanda risulta forse oziosa, atteso che la disposizione costituzionale stabilisce chiaramente che le leggi federali entrano in vigore non prima di sei mesi dalla pubblicazione (*Verkündung*) sul *Bundesgesetzblatt* (art. 82 GG). Ciò vuol dire che il *Land* che lo volesse dovrebbe adottare disposizioni derogatorie entro i sei mesi previsti ovvero entro il diverso termine (più breve o più lungo) stabilito dalla legge del *Bund*; così, ad esempio, la *BNatSchG* è stata pubblicata sul *Bundesgesetzblatt* (I, 2542 ss.) il 29 luglio 2009, ma è entrata in vigore il 1° marzo 2010.

[43] In relazione alla necessità che la deroga sia disposta espressamente, pur nel silenzio della Carta costituzionale, si è osservato: «*Doch kann*

Ora, gli effetti giuridici che discendono dalla disposizione costituzionale dipendono dal significato che può attribuirsi alla locuzione «disposizioni derogatorie» (*abweichende Regelungen*).

Parte della dottrina sostiene, infatti, che l'intervento del *Land* si concreta solo in una prevalente applicazione della legge adottata (*Anwendungsvorrang*) e che, pertanto, esso non vada qualificato come autenticamente «derogatorio», non configurandosi, al riguardo, alcuna reale collisione tra le due diverse leggi[44], come si avrebbe, invece, in ogni altra ipotesi di relazione normativa tra i due livelli di governo[45].

Questo discorso, tuttavia, non risulta affatto cristallino, giacché non mantiene correttamente distinta la posizione del *Bund* da quella del *Land*. In relazione all'intervento del *Land*, il principio posto dall'art. 72, comma

---

die ausdrückliches Benennung der Abweichungsnorm wesentlich beitragen zu rechts-staatlich gebotener Rechtsklarheit und zu demokratisches Trasparenz. So handelt es sich zumindest um ein verfassungsrechtliches Desiderat, wenn nicht um ein zwingen-des Verfassungsgebot»: così C. DEGENHART, *Verfassungsrechtliche Rahmenbe-dingungen*, cit., 424, ed anche 427, ove si ritiene che, qualora la deroga non venga dichiarata, le disposizioni così introdotte, che collidano con quelle legislative del *Bund*, sarebbero soggette al principio di cui all'art. 31 GG.

[44] Di mera «*Anwendungsvorrang*» discorre H.-J. PAPIER, *op. cit.*, 2147; cfr. anche C. DEGENHART, *op. cit.*, 424; C. FRANZIUS, *Die Abweichungsge-setzgebung*, in *NVwZ*, 2008, 492 ss.: «*Kollisionen setzen wiederum einen Normwiderspruch voraus, der noch nicht darin zu erkennen ist* [...]»; ma in tal senso già O. KLEIN-K. SCHNEIDER, *Art. 72 GG n. F. im Kompetenzgefüge der Föderalismusreform*, in *DVBl.*, 2006, 1549 ss., 1552; nella letteratura italiana v. anche A. GRAGNANI, *La codificazione del diritto ambientale: il mo-dello tedesco e la prospettiva italiana*, in *www.giust.amm.it*, 113, la quale ritiene che non si tratti di una deroga «in senso tecnico».

[45] Dovendosi qui escludere il ricorso all'art. 31 GG.

3, GG non è quello della *lex posterior derogat priori*, ma quello della *lex (posterior) specialis derogat generali*, che si riassume nell'applicazione prevalente della legge successiva proprio perché gli effetti sono di tipo derogatorio. La deroga, infatti, non incide sulla vigenza della norma, ma solo sulla sua applicazione. E comporta che la legge del *Bund* – per il *Land* che vi avesse derogato – resti solo *sospesa* nella sua efficacia[46], di modo che la legge federale sarà nuovamente applicabile nell'eventualità (tutta remota) che il *Land* decidesse di abrogare la propria legge[47] o nell'ipotesi in cui questa sia costituzionalmente illegittima[48].

Una diversa conclusione si avrebbe, invece, rispetto alla posizione del *Bund*, atteso che un suo intervento legislativo successivo su una materia già disciplinata dal *Land* determinerebbe l'abrogazione della legge del *Land*, a partire dai sei mesi successivi alla sua pubblicazione e sempre che il *Land* non abbia deciso di esercitare un ulteriore intervento derogatorio. Attraverso un nuovo intervento legislativo, infatti, il *Land* potrebbe solo derogare alla nuova legge del *Bund*[49], ma mai pretendere di conservare

---

[46] Nello stesso senso apertamente L. MAMMEN, *Der neue Typus*, cit., 377-378.

[47] Del tutto discutibile l'ipotesi affacciata da L. MAMMEN, *Der neue Typus*, cit., 377, per il quale le disposizioni derogatorie del *Land* potrebbero anche avere efficacia limitata nel tempo; nel qual caso, la legge del *Bund* tornerebbe a spiegare i propri effetti allo spirare del termine stabilito.

[48] B. BECKER, *Das Recht der Länder zur Abweichungsgesetzgebung (Art. 72 Abs. 3 GG) und das neue WHG und BNatSchG*, in *DVBl.*, 2010, 754 ss., 755.

[49] Aprendo, con ciò, ad un effetto *"ping-pong"*: cfr. O. KLEIN-K. SCHNEIDER, *op. cit.*, 1552; C. DEGENHART, *Verfassungsrechtliche Rahmen-*

l'efficacia della (propria) legge preesistente, che, per l'appunto, è da ritenersi abrogata[50].

5. *La legge federale sulla protezione dell'ambiente e la cura del paesaggio (*BNatSchG*): il problema 1) dei «principi generali»; 2) delle "definizioni legali"; 3) della mancata previsione del necessario innalzamento del livello di tutela da parte dei* Länder

Con l'approvazione nel 2009 della legge sulla protezione della natura e la cura del paesaggio[51], il legislatore federale ha dato attuazione all'art. 72, comma 3, GG. La legge – che rientra nel c.d. "pacchetto legislativo" sul «nuovo ordinamento del diritto dell'ambiente»[52], con cui si è tentato di colmare almeno in parte la mancata approvazione del Codice dell'ambiente (*Umweltgesetz-*

bedingungen, cit., 424; per «motivi politici» esclude, però, uno scenario di questo tipo – dichiarandosi «abbastanza fiducioso» – H.-J. PAPIER, *Aktuelle Fragen der bundesstaatlichen Ordnung*, in *NJW*, 2145 ss., 2147.

[50] Ragion per cui non si può neppure condividere quanto sostiene A. GRAGNANI, *La codificazione*, cit., 113: «siccome la legge ha una mera prevalenza applicativa, in caso di abrogazione della legge federale successiva la legge del *Land* torna automaticamente ad essere applicata, e viceversa»; l'abrogazione della legge federale determina solo la possibilità per il *Land* di recare una nuova disciplina della materia, se lo vorrà.

[51] V. *supra sub* nt. 42. La legge è stata più volte emendata; l'ultima modifica risale al 21 gennaio 2013 (in *BGBl.* I, 95 ss).

[52] Il "pacchetto" si compone di quattro leggi: 1) la legge sulla protezione della natura e la cura del paesaggio (29 luglio 2009, cit.); 2) la legge sulla protezione dalle radiazioni non ionizzanti (29 luglio 2009, in *BGBl.* I, 2433 ss.); 3) la legge sulla disciplina del diritto delle acque (31 luglio 2009, in *BGBl.* I, 2585 ss.); 4) la legge sul riordino della legislazione federale nel settore di competenza del ministero federale per l'ambiente, la protezione della natura e la sicurezza atomica (11 agosto 2009, in *BGBl.* I, 2723 ss.).

buch)[53] – è entrata in vigore il 1° marzo 2010 e ha sostituito a tutti gli effetti la legislazione-cornice del 2002[54] (e le successive modifiche)[55].

Non è certo questa la sede per analizzare nel merito la *BNatSchG*[56] e le numerose deroghe introdotte nel frattempo dai *Länder*[57]. Di seguito ci si limita a porre in luce tre nodi problematici, emersi dal dibattito della dottrina.

1) Una prima questione concerne la qualificazione di alcune disposizioni legislative in termini di «principi generali».

Il problema che al riguardo si solleva è quello di comprendere se detta qualificazione abbia natura costitutiva o meramente declaratoria ovvero se i «principi generali» – non derogabili dal *Land* – siano unicamente quelli individuati dal legislatore federale (nel qual caso, come accade con la *BNatSchG*, i principi andrebbero indicati

---

[53] Scopo della c.d. «*Moratoriumsregelung*» sancita dall'art. 125 b GG – della quale si è detto più sopra: v. § 4, lett. A), n . 1) – era quello di consentire che il *Bund* varasse il Codice entro il termine stabilito; questo tentativo, però, non ha avuto successo: cfr. per tutti B. BECKER, *op. cit.*, 754; sulla struttura e sui contenuti del progetto di codice v. A. GRAGNANI, *op. cit.*, 29 ss.

[54] L'art. 27 della *BNatSchG* del 2009 abroga espressamente la *BNatSchG* del 25 marzo 2002.

[55] Tra le quali quelle apportate nel 2007 (12 dicembre 2007, in *BGBl.* I, 2873 ss.) in seguito ad una pronuncia di condanna emessa dalla Corte di giustizia (Corte giust., sent. 10 gennaio 2006, causa C-98/03, *Commissione c. Germania*, in *Racc.*, 2006, I-53 ss.) e quelle introdotte nel 2008 (22 dicembre 2008, in *BGBl.* I, 2986 ss.).

[56] Sui contenuti della legge v. per tutti W. ERBGUTH-S. SCHLACKE, *Umweltrecht*, 4. Aufl., Baden-Baden, 2012, 236 ss.

[57] Delle deroghe introdotte dai *Länder* – pubblicate in calce ai singoli articoli della legge – può prendersi visione al seguente link: *www.buzer.de/gesetz/8972/index.htm*.

sempre espressamente e i *Länder* sarebbero tenuti sempre e solo all'osservanza di quelli posti dalla legge) o se, al contrario, essi vadano ricavati in via implicita dal sistema normativo, atteso che la Costituzione parrebbe presupporre l'operatività (e, cioè, la preesistenza) di principi non derogabili della materia (art. 72, comma 3, GG). In questo caso, i principi recati dal legislatore federale si configurerebbero quali principi-guida per l'attività legislativa del *Land*, rilevanti unicamente sul piano dell'interpretazione della materia[58].

A sostegno di questa seconda tesi si osserva, tra l'altro, che il riconoscimento della natura costitutiva dei principi porterebbe con sé il rischio che il *Bund* giunga ad ampliare arbitrariamente la cerchia dei «principi generali»: in questo modo, esso sarebbe in condizione di definire autonomamente la portata della sua competenza legislativa, impedendo, magari, che il *Land* possa derogare a una parte consistente della disciplina varata[59]. Tuttavia, non può escludersi che un rischio analogo si corra anche nell'ipotesi contraria, e cioè qualora la concreta individuazione dei principi sia completamente rimessa nelle mani dei *Länder*; per questo, forse, altra parte della dottrina crede di poter racchiudere quei principi in una elen-

---

[58] Cfr. M. APPEL, *Die Befugnis zur einfach-gesetzlichen Ausgestaltung der allgemeinen Grundsätze der Naturschutzes i.S.d. Art. 72 Abs. 3 Satz 1 Nr. 2 GG – zugleich ein Beitrag über Inhalt und Reichweite des abweichungsfesten Kerns der Landschaftsplanung gemäß § 8 BNatSchG*, in NuR, 2010, 171 ss., 173; K. MERßERSCHMIDT, *Das künftige Naturschutzrecht – Naturschutzrecht und Landschaftspflege im Dritten Buch des Umweltgesetzbuches und die mögliche Abweichungsgesetzgebung der Länder*, in UPR, 2008, 361 ss., 365.

[59] Cfr. ancora M. APPEL, *Die Befugnis*, cit., 173.

cazione tassativa[60].

2) Collegata alla questione appena esposta è la possibilità di derogare alle "definizioni legali" rese dalla legge del *Bund*, nell'eventualità che queste non siano espressamente ricondotte (o implicitamente da ricondurre) nel novero dei «principi generali».

A tal proposito si ritiene che la potestà derogatoria del *Land* sia in condizione di investire persino tali definizioni e che un limite al riguardo si avrebbe solo qualora esse derivino direttamente dal diritto dell'Unione europea[61]. Sebbene non possa sottacersi come questo rilievo varrebbe, in via generale, per ogni più dettagliata previsione adottata in attuazione del diritto UE.

3) Un'ultima questione – che pur avendo carattere generale si pone soprattutto in relazione alla materia della protezione dell'ambiente e della cura del paesaggio – riguarderebbe la mancata previsione da parte del testo costituzionale di condizioni che autorizzino l'esercizio della deroga. La legittimità dell'intervento derogatorio non risulta, infatti, condizionata al presupposto che i *Länder* accordino all'ambiente una tutela più elevata rispetto a quella posta dal *Bund*[62].

---

[60] Cfr. in proposito B. BECKER, *op. cit.*, 757.

[61] V. ancora B. BECKER, *op. cit.*, 758.

[62] In questo senso non si avrebbe alcuna competenza (legislativa) tra il *Bund* e i *Länder*; è appena il caso di precisare che la riforma costituzionale solo timidamente finisce per promuovere la realizzazione di un autentico *Wettbewerbsföderalismus*, giacché – secondo la concezione propugnata dalla teoria economica del federalismo – detto tipo di federalismo presupporrebbe che la competizione si attivi orizzontalmente

Una scelta che, secondo molti, si giustificherebbe in ragione del fatto che i *Länder* di dimensioni più piccole – forse per via degli elevati costi che una tutela più elevata richiede – non sarebbero in condizione di assicurare all'ambiente una tutela maggiore rispetto a quella fornita dal *Bund*[63]. Va da sé, tuttavia, che in materia, nonostante il silenzio serbato sul punto dalla Costituzione, gli interventi dello Stato e dei *Länder* devono conformarsi a quanto imposto dall'Unione europea, che, se intervenuta nella disciplina della materia, consente allo Stato membro (e, dunque, anche ai suoi livelli di governo interni) di mantenere o prendere solo quei provvedimenti che garantiscano una protezione maggiore dell'ambiente[64]. Di questo non può non tenersi conto.

---

tra le entità decentrate. Più in generale, è comunque da dire che, dal punto di vista giuridico, ciò costituirebbe solo un effetto indiretto del tipo di riparto delle competenze sancito in Costituzione; il quale, in ogni caso, considera come soggetti unicamente la Federazione e le entità decentrate. Per questa ragione, la concezione giuridica del federalismo competitivo dovrebbe essere intesa solo in senso verticale; cfr. in proposito utilmente L. MAMMEN, *Der neue Typus*, cit., 379, il quale – se ben inteso – sostiene che detta concezione abbia maggiore speranza di trovare realizzazione attraverso la previsione dell'art. 84, comma 1, GG, relativa all'attività esecutiva dei *Länder*.

[63] Il rilievo è di W. ERBGUTH-S. SCHLACKE, *Umweltrecht*, op. cit., 232, i quali – senza ulteriormente chiarire il problema – discorrono di «limitate capacità» dei *Länder* più piccoli.

[64] Cfr. l'art. 193 TFUE (ex art. 176 TCE); in proposito sia permesso rinviare a E. DI SALVATORE, *La tutela dell'ambiente*, in *L'ordinamento europeo. Le politiche dell'Unione*, a cura di S. Mangiameli, III, Milano, 2008, 527 ss., 549.

3.

La Germania e il processo di integrazione europea

SOMMARIO: 1. L'art. 24 GG e la prima giurisprudenza del Tribunale costituzionale federale sul processo di integrazione europea: la natura giuridica delle Comunità europee e la tutela dei diritti fondamentali. – 2. L'art. 23 GG: la «clausola di apertura all'integrazione» e la «clausola di sicurezza strutturale». – 2.1. Il "trasferimento" dei diritti di sovranità e le modifiche alla Carta costituzionale. – 2.2. La partecipazione del *Bundestag* al processo di integrazione europea. – 2.3. I *Länder* e il processo di integrazione europea. – 3. Il Tribunale costituzionale federale e l'Unione europea: la sentenza sul Trattato di Maastricht del 1993. – 3.1. Il Trattato di Lisbona e la sentenza del 2009. – 3.2. La sentenza *Mangold* del 2010. – 3.3. – La recente giurisprudenza costituzionale sugli aiuti di Stato alla Grecia e sui Trattati MES e *Fiscal Compact*.

1. *L'art. 24 GG e la prima giurisprudenza del Tribunale costituzionale federale sul processo di integrazione europea: la natura giuridica delle Comunità europee e la tutela dei diritti fondamentali*

La partecipazione della Germania al processo di integrazione europea si è storicamente posta nell'ambito del più generale processo di *internazionalizzazione* dello Stato. L'art. 24 GG ha infatti previsto che il *Bund*, al fine di realizzare e assicurare la pace in Europa e tra i popoli del Mondo, possa inserirsi in un sistema di «sicurezza collettiva», limitando a tal fine la propria sovranità, e «trasferire con legge diritti di sovranità ad organizzazioni internazionali». Per parte sua, l'art. 32 GG, pur precisando che «la gestione delle relazioni con gli Stati esteri» spetti alla sola Federazione, ha stabilito che, prima della sottoscrizione di un Trattato, il *Bund* debba consultare obbligatoriamente il *Land* quando l'accordo internazionale concerna questioni particolari di questo, ammettendo che, nei limiti della propria competenza legislativa, i *Länder* siano autorizzati a stipulare Trattati con altri Stati dietro consenso del Governo nazionale.

Questa prospettiva è stata seguita finanche dal Tribunale costituzionale federale:

A) Il 18 ottobre 1967, il I Senato del Tribunale costituzionale si pronunciava in ordine ai ricorsi presentati da alcune ditte tedesche avverso due regolamenti CEE[1]. Nel loro ricorso, le ditte sostenevano che i regolamenti comunitari avessero provocato una lesione «attuale e diretta» dei propri diritti fondamentali garantiti dalla *Grundgesetz*[2], ritenendo che il giudice costituzionale tedesco fosse

---

[1] BVerfGE 22, 293 ss.; in dottrina v. le osservazioni di H. P. IPSEN, *Europäisches Gemeinschaftsrecht*, Tübingen, 1972, 305 ss.

[2] Il ricorso diretto al Tribunale costituzionale (*Verfassungsbeschwerde*) è stato introdotto con legge di rev. cost. del 29 gennaio 1969 (in *BGBl.*, I, 97 ss.). A tal riguardo, l'art. 93, comma 4 a, GG prevede che chiunque lamenti la lesione di un diritto fondamentale da parte dei pubblici poteri possa adire direttamente il Tribunale con ricorso. Si tratta di uno strumento che può essere utilizzato: 1) solo individualmente da ogni persona fisica e giuridica; 2) solo in via sussidiaria, nel senso che il suo utilizzo presuppone che siano esauriti i rimedi giurisdizionali ordinari; 3) contro ogni atto del potere pubblico tedesco (in relazione alla funzione normativa, ciò può interessare qualunque atto normativo e non soltanto la legge); 4) anche in caso di omissione di un atto dovuto. La decisione del Tribunale può condurre all'annullamento dell'atto impugnato. Fino al 1996 i ricorsi diretti decisi dal Tribunale sono stati ben 107.890; solo il 2,75% di essi, però, è andato a buon fine.

legittimato a pronunciarsi sulla questione, atteso che i regolamenti, pur essendo stati adottati in sede comunitaria, dovessero essere qualificati come atti del «potere pubblico tedesco». A sostegno di tale tesi, le ditte affermavano che il ricorso diretto (*Verfassungsberschwerde*) al Tribunale costituzionale federale costituisse l'unico rimedio giurisdizionale a disposizione, in quanto una pronuncia del giudice comunitario mai avrebbe potuto assumere a parametro di giudizio direttamente la Costituzione tedesca.

Con la sua decisione, però, il Tribunale costituzionale dichiarava inammissibili i ricorsi presentati, in conformità a quanto prescritto dal § 90 della legge sul Tribunale costituzionale del 1951[3] e sulla scorta della sua consolidata giurisprudenza[4]: a parere del Tribunale, i regolamenti comunitari erano atti normativi di un particolare potere pubblico «sopranazionale» ovvero di una «organizzazione internazionale» (*zwischenstaatliche Einrichtung*), che, pur non potendo essere intesa alla stregua di uno Stato federale, risultava dotata di un ordinamento autonomo e indipendente da quello degli Stati membri. In quest'ottica, gli atti comunitari non avrebbero richiesto alcuna conferma o ratifica da parte dello Stato tedesco, in quanto dotati di efficacia giuridica propria ossia riconducibili a un diritto «che sgorga» da autonome fonti, sindacabili unicamente dalla Corte di giustizia: «il Trattato CEE» – affermava il Tribunale – «costituisce in un certo senso la Costituzione della Comunità»[5].

---

[3] BVerfGG del 12 marzo 1951 (in *BGBl.*, I, 243 ss.).
[4] BVerfGE 1, 10 ss.; 6, 15 ss., 18; 18, 385 ss., 387 s.
[5] BVerfGE 22, 293 ss., 296.

B) Ben diversa e con toni alquanto aspri si presentava, invece, la successiva sentenza del 1974 (c.d. *"Solange I"*)[6], con cui il II Senato del Tribunale costituzionale verificava la conformità di due regolamenti comunitari relativi alla disciplina del deposito cauzionale che gli esportatori di merci avrebbero dovuto corrispondere con il sistema dei diritti fondamentali apprestato dalla *Grundgesetz*.

Con questa sentenza il Tribunale sosteneva che l'espressione «trasferimento dei poteri sovrani», di cui all'art. 24, comma 1, GG, non potesse essere intesa letteralmente: essa autorizzava non già un vero e proprio "trasferimento"[7] dei diritti di sovranità dello Stato federale tedesco in capo alle Comunità europee, quanto un'apertura dell'ordinamento nazionale alle stesse. Apertura non certo incondizionata, posto che l'art. 24 GG si proponeva di collegare la partecipazione della Germania al processo di integrazione al conseguimento di un certo «stadio» dello stesso: uno stadio in cui si fosse, per un verso, sanato il *deficit* democratico e, per altro verso, fornita una tutela «adeguata» dei diritti fondamentali essenzialmente *analoga* a quella recata dalla *Grundgesetz*. «Fintantoché» (*solange*), però, il processo di integrazione non si fosse evoluto al punto tale da garantire un livello di protezione dei diritti fondamentali pari a quello offerto dalla Costituzione tedesca, il giudice nazionale avrebbe potuto e dovuto rivolgersi al giudice costituzionale affin-

---

[6] BVerfGE 37, 271 ss.; sulla quale v. H. P. IPSEN, *BVerfG versus EuGH re »Grundrechte«*, in *EuR*, 1975, 1 ss., nonché M. HILF, *Sekundäres Gemeinschaftsrecht und deutsche Grundrechte*, in *ZaöRV*, 1975, 51 ss.

[7] V. *infra* nt. 16.

ché effettuasse un controllo sul rispetto dei diritti da parte della normativa comunitaria[8].

È appena il caso di osservare come, diversamente dalla pronuncia del 1967, in questa occasione il giudice costituzionale riteneva ammissibile procedere a un controllo di conformità della normativa comunitaria alla luce del sistema costituzionale dei diritti fondamentali, considerando non già il momento dell'*adozione* dell'atto, ma quello di *esecuzione* da parte di un'autorità amministrativa tedesca o di *applicazione* da parte del giudice nazionale. In questo modo gli era possibile predicare la riconduzione dei regolamenti comunitari alla cerchia degli atti promananti dal potere pubblico tedesco, radicando, con ciò, la propria competenza sul sindacato[9].

C) Nel 1986, il Tribunale costituzionale accoglieva il ricorso presentato da una ditta tedesca avverso una decisione del Tribunale amministrativo federale, dichiarandolo infondato (sentenza "*Solange II*")[10]. Dopo aver precisa-

---

[8] Secondo il *Bundesverfassungsgericht*, pur dovendosi ammettere che il Trattato e la *Grundgesetz* effettuassero un chiaro riparto delle competenze giurisdizionali, sussisteva in capo a entrambi i giudici il dovere di conseguire anzitutto «la concordanza [tra] entrambi gli ordinamenti nella loro giurisprudenza»: conformemente allo «spirito» e al «senso» del Trattato, il particolare rapporto intercorrente tra la Comunità e lo Stato membro trascinava con sé il dovere di (tentare di) risolvere «politicamente» eventuali frizioni esistenti tra i due ordinamenti. Solo qualora ciò non fosse stato possibile, attraverso una ricomposizione «amichevole», si sarebbe potuto affermare l'esistenza di un conflitto tra i due ordinamenti; e ciascuno dei due giudici avrebbe potuto «tirare» le conseguenze e ricorrere ai meccanismi di garanzia contemplati dall'ordinamento di riferimento.

[9] Cfr. BVerfGE 37, 271 ss., 283.

[10] BVerfGE 73, 339 ss.

to che, ai sensi dell'art. 101 GG, anche il giudice comunitario dovesse essere inteso quale «giudice precostituito per legge», il Tribunale costituzionale affermava che la Corte di giustizia e gli organi giurisdizionali degli Stati membri dovessero intrattenere tra loro rapporti di collaborazione, come risultava dall'art. 117 del Trattato CEE, dal quale si evinceva chiaramente che l'esercizio della funzione giurisdizionale comunitaria – pur essendo riservata alla Corte di giustizia – fosse plasmata in relazione a quella nazionale, e cioè funzionale alle giurisdizioni degli Stati membri. Ciò avrebbe provato come l'ordinamento comunitario e quello nazionale non fossero affatto isolati, ma contigui e collegati l'uno all'altro, atteso che medesimo fosse l'obiettivo da raggiungere: quello dell'integrazione. Anche in questo caso, il Tribunale ribadiva che l'art. 24, comma 1, GG consentisse all'ordinamento tedesco solo di «aprirsi» al diritto sopranazionale; di modo che la diretta efficacia e applicabilità del diritto comunitario doveva dirsi radicata nella volontà manifestata dallo Stato tedesco attraverso l'ordine di esecuzione dei Trattati[11]. Detta apertura, sottolineava ancora una volta il giudice costituzionale, non si dava incondizionatamente, in quanto il trasferimento dei diritti di sovranità mai avrebbe potuto porre in discussione l'identità costituzionale della Germania ovvero incidere su uno degli elementi qualificanti la struttura costituzionale dello Stato. Da

---

[11] BVerfGE 73, 339 ss., 375: «*Aus dem Rechtsanwendungsbefehl des Zustimmungsgesetzes zum EWG-Vertrag, der sich auf Art. 189 Abs. 2 EWGV erstreckt, ergibt sich die unmittelbare Geltung der Gemeinschaftsordnungen für die Bundesrepublik Deutschland und ihr Anwendungsvorrang gegenüber innerstaatlichem Recht*».

questo punto di vista – sul presupposto che la tutela dei diritti fosse comunque uno degli elementi caratterizzanti la forma di Stato – il Tribunale concludeva che, sul piano comunitario, i diritti avessero ormai raggiunto un rassicurante livello di tutela; per questo, «fintantoché» (*solange*) il diritto comunitario avesse continuato ad accordare ai diritti una tutela sostanzialmente *uguale* a quella della *Grundgesetz*, il Tribunale avrebbe rinunciato a esercitare il sindacato di legittimità sugli atti comunitari; e, se un giudice nazionale avesse sollevato questione di legittimità di un atto comunitario, ne avrebbe dichiarato l'inammissibilità.

2. *L'art. 23 GG: la «clausola di apertura all'integrazione» e la «clausola di sicurezza strutturale»*

L'art. 23 GG, nella sua formulazione originaria, stabiliva che la Legge fondamentale trovasse immediata applicazione nei territori dei *Länder* occidentali, mentre «nelle altre parti della Germania» le disposizioni costituzionali sarebbero entrate in vigore il giorno in cui la Germania fosse tornata unita.

A seguito dell'intervenuta abrogazione dell'art. 23 GG da parte del Trattato sulla riunificazione (31 agosto 1990), il Parlamento ha quindi adottato una legge di revisione costituzionale con la quale si è riscritto completamente il testo di quell'articolo[12], introducendo, in questo

---

[12] Con la 38ª legge di revisione costituzionale (in *BGBl.*, I, 2086 ss.), il testo della *Grundgesetz* è stato, invero, modificato in molte sue altre parti: v. l'art. 24, comma 2, relativo alla possibilità, da parte dei *Länder*, di trasferire *Hoheitsrechte* in capo organizzazioni transfrontaliere; l'art. 28,

modo, nuove disposizioni dedicate ai rapporti della Germania con l'Unione europea[13]. Il comma 1 dell'art. 23 GG dà vita a due differenti clausole costituzionali, e cioè a una «clausola di apertura all'integrazione» (*Integrationsöffnungsklausel*) e a una «clausola di sicurezza strutturale» (*Struktursicherungsklausel*)[14]. In base alla prima, al fine di realizzare un'Europa unita, la Germania dichiara di voler collaborare allo sviluppo dell'Unione europea[15] ovvero accetta di aprire il suo ordinamento alle conseguenze giuridiche che discendono dalla partecipazione al processo di integrazione.

In base alla seconda, la Germania subordina tale collaborazione al rispetto, da parte dell'Unione, del principio

comma 1, frase 4, relativo all'elettorato attivo e passivo dei cittadini di altri Stati membri per le elezioni nei *Kreisen* e nei *Gemeinden*; l'art. 45, relativo alla nomina da parte del *Bundestag* di una Commissione per le questioni relative all'Unione europea; l'art. 50, relativo al principio della collaborazione del *Bundesrat* alle questioni relative all'Unione europea; l'art. 52, comma 3 a, relativo alla possibilità, da parte del *Bundesrat*, di formare una *Europakammer*; l'art. 88, seconda frase, relativo alla possibilità di trasferire le funzioni e le competenze dalla Banca federale alla Banca centrale europea; l'art. 115 e, ove si fa divieto alla Commissione comune istituita per il caso di proclamazione dello stato di difesa di modificare, abrogare o non applicare la *Grundgesetz*.

[13] Una «*Sonderregelung*» con la quale, in materia di rapporti con l'Unione europea, le disposizioni degli artt. 24 e 32 GG non risultano (più) applicabili: cfr. per tutti R. HALFMANN, *Entwicklungen des deutschen Staatsorganisationsrechts im Kraftfeld der europäischen Integration*, Berlin, 2000, 90 s.

[14] Sulla *ratio* sottesa alle due clausole v., tra i tanti, F. BROSIUS-GERSDORF, *Die doppelte Legitimationsbasis der Europäischen Union*, in *EuR*, 1999, 133 ss., 142 ss.

[15] Sulla nozione di "Unione europea", presupposta dalla disposizione dell'art. 23, comma 1, GG v., per tutti, O. ROJAHN, *Art. 23*, in *Grundgesetz – Kommentar*, a cura di I. v. Münch e P. Kunig, 2, 4./5. neubearb. Aufl., München, 2001, 121 ss., 128 s.

democratico, dello Stato di diritto, dello Stato sociale, del principio federale, del principio di sussidiarietà e dei diritti fondamentali, il cui *standard* di tutela deve essere «essenzialmente paragonabile» (*im wesentlichen vergleichbaren*) a quello posto dalla *Grundgesetz*.

2.1. *Il "trasferimento" dei diritti di sovranità e le modifiche alla Carta costituzionale*

L'art. 23, comma 1, seconda e terza frase, stabilisce che, allo scopo di realizzare un'Europa unita, il *Bund* può trasferire «diritti di sovranità» (*Hoheitsrechte*)[16] con legge e con l'assenso del *Bundesrat*, mentre, nel caso in cui l'istituzione dell'Unione europea, così come le modifiche dei Trattati o «discipline analoghe» (*vergleichbare Regelungen*)[17], dovessero importare una modifica o una integra-

---

[16] L'espressione «*Hoheitsrechte*» allude all'esercizio della potestà di imperio dello Stato (*Staatsgewalt*) e ha riguardo alla sfera di azione del diritto interno, spiegata attraverso la legislazione, l'esecuzione e la giurisdizione. Conferirne l'esercizio in capo al livello europeo vuol dire autorizzare l'Unione a *esercitare* tale potere su talune materie o oggetti, senza che però l'autorizzazione si concreti necessariamente in un atto irreversibile o di privazione permanente della *titolarità* della competenza garantita sul piano interno dalla *Grundgesetz*. Sul rapporto tra *Staatsgewalt* e *Hoheitsrechte*, così come postulato dalla disposizione dell'art. 24, comma 1, GG, v. A. RUPPERT, *Die Integrationsgewalt*, Hamburg, 1969, 25 ss., nonché H. P. IPSEN, *Europäisches Gemeinschaftsrecht*, cit., 54 ss., il quale, con riguardo ai limiti del "trasferimento" degli *Hoheitsrechte*, sottolinea: «*Funktionelle oder materielle Eingrenzungen der übertragbaren Hoheitsrechte liefert Art. 24 I anstonsten nicht. Sie können solche im Bereich aller in Art. 20 II 2 GG genannten Organwalter sein: der Gesetzgebung (= Rechtsetzung), der vollziehenden Gewalt, der Rechtsprechung*».
[17] Il riferimento è qui alle c. d. "clausole evolutive" contemplate dai

81

zione al contenuto della *Grundgesetz* – o nel caso in cui tali modifiche o tali integrazioni vengano comunque rese possibili – deve applicarsi l'art. 79, commi 2 e 3, GG. Come può notarsi, l'art. 23 prevede che l'apertura all'integrazione da parte dello Stato possa avvenire in due modi differenti: se il "trasferimento" degli *Hoheitsrechte* non presenta alcuna incidenza sulla Costituzione, è sufficiente ricorrere a una legge federale ordinaria soggetta ad approvazione necessaria del *Bundesrat*; se il "trasferimento" degli *Hoheitsrechte* incide, invece, sulla Costituzione, occorre adottare una legge costituzionale[18].

Nonostante il disegno costituzionale abbia il pregio di rendere possibile una partecipazione del *Bundesrat* attraverso un suo assenso (*Zustimmung*), anche quando si tratti di un trasferimento dei poteri sovrani che sul piano interno tocchi le competenze del solo *Bund*[19], non si com-

---

Trattati europei: con riguardo al TCE v. ad es. l'art. 190, § 4, comma 2 (oggi art. 223, § 1, comma 2, TFUE), ove, in relazione al sistema di elezione a suffragio universale diretto dei membri del Parlamento europeo, si legge che «il Consiglio, con deliberazione unanime, previo parere conforme del Parlamento europeo che si pronuncia a maggioranza dei membri che lo compongono, stabilirà le disposizioni di cui raccomanderà l'adozione da parte degli Stati membri, conformemente alle loro rispettive norme costituzionali»; per ulteriori considerazioni sul punto sia permesso rinviare a E. DI SALVATORE, *Integrazione europea e regionalismo*, in *Dir. pubbl. comp. eur.*, II, 2001, 527, nt. 83.

[18] Entrambi i casi configurano una ipotesi di partecipazione indiretta dei *Länder* al processo di integrazione, giacché, tanto il trasferimento degli *Hoheitsrechte* che avvenga con legge federale, quanto il trasferimento degli *Hoheitsrechte* che avvenga con legge costituzionale richiedono, comunque, una partecipazione necessaria del *Bundesrat* e, quindi, una partecipazione dei *Länder* stessi.

[19] R. STREINZ, *Art. 23*, in *Grundgesetz Kommentar*, a cura di M. Sachs, 2. Aufl., München, 1999, 879.

prende, invero, quando occorrerebbe adottare una legge ordinaria federale e quando, invece, occorrerebbe ricorrere alla legge costituzionale, posto che, secondo quanto normalmente si ritiene in dottrina, ogni trasferimento degli *Hoheitsrechte* incide, di fatto, sempre sulla Costituzione[20]. Ragion per cui deve ammettersi che l'alternativa sopra richiamata non possa mai trovare realizzazione e che, su questo punto, la *Grundgesetz* rechi una norma costituzionale priva di qualsiasi *efficacia*.

Il problema non è affatto scolastico: in occasione della ratifica del Trattato di Nizza del 2000[21], il *Bundesregierung* ha sostenuto che fosse sufficiente adottare una legge federale e che, in ragione di ciò, il *Bundesrat* dovesse esprimersi sul disegno di legge di esecuzione del Trattato a maggioranza semplice. Dal canto suo, il *Bundesrat* ha invece concluso che fosse necessaria l'approvazione a maggioranza dei due terzi dei voti di entrambe le Camere, conformemente a quanto stabilito dall'art. 79 GG, sul presupposto che il Trattato di Nizza, contemplando un ampliamento dei poteri del Parlamento europeo e una estensione dei casi di approvazione degli atti normativi

---

[20] Cfr. O. ROIAHN, *Art. 23*, cit., 154 s., ed ivi dottrina citata.

[21] A tal proposito V. LOSCO, *La ratifica del trattato di Nizza in Germania: tra prerogativa della maggioranza e necessità di un consenso parlamentare più ampio*, in *Dir. pubbl. comp. eur.*, I, 2002, 61 ss.; ma in relazione al Trattato di Lisbona la Germania ha finito per adottare entrambi i tipi di legge: sia quella di «approvazione» (*rectius*: di esecuzione) del Trattato, data in forma di legge ordinaria e con l'assenso del *Bundesrat* (prestato però a maggioranza dei 2/3), sia quella di revisione costituzionale degli articoli 23, 45 e 93 GG; cfr. il preambolo della legge di «approvazione» dell'8 ottobre 2008 (in *BGBl.*, II, 1038), ove si legge: «Il *Bundestag* ha deliberato la seguente legge con l'assenso del *Bundesrat*; è stato seguito l'art. 79, comma 2, GG».

comunitari all'unanimità, finisse per incidere material-
mente sui contenuti della *Grundgesetz*[22].

Resta da chiarire un ultimo punto. L'art. 23, comma 1,
terza frase, stabilisce che qualora sia necessario adottare
una legge costituzionale per dare esecuzione al Trattato
europeo si applicano solo i commi 2 e 3 dell'art. 79 GG.
In questo modo, l'art. 23 introduce una deroga alla disciplina della revisione costituzionale, e cioè autorizza la
non applicazione del comma 1 dell'art. 79 GG, ove si
legge: «La Legge fondamentale può essere modificata solo con una legge che espressamente modifichi o integri il
testo della Legge fondamentale».

La *ratio* di tale previsione si collega all'impossibilità di
stabilire in via anticipata e puntualmente quali disposizioni del Trattato impongano una formale revisione della
Costituzione. E questo anche in ragione del fatto che,
spesso, l'incidenza sulla *Grundgesetz* delle disposizioni del
Trattato è solo *potenziale*, nel senso, cioè, che dipende
unicamente dal *se* le Istituzioni europee adotteranno un
certo atto, eserciteranno alcuni dei poteri previsti ovvero
si realizzeranno talune condizioni sancite dal Trattato.
Per questo l'art. 23 GG considera non solo le modifiche

---

[22] Ma è appena il caso di osservare che l'alternativa prospettata ha
trovato soluzione nella circostanza che il testo della legge abbia recato
nel suo preambolo un espresso riferimento al rispetto della procedura
indicata nel comma 2 dell'art. 79 GG. La qual cosa proverebbe che con
ciò si sia finito per concretare la seconda delle ipotesi previste dall'art.
23 GG. Ragion per cui, ogni eventuale disposizione interna contraria al
contenuto del Trattato di Nizza necessiterebbe di una legge che sia approvata con il procedimento aggravato, e cioè con il consenso del *Bundesrat* prestato a maggioranza dei due terzi e non a maggioranza semplice.

e le integrazioni alla Costituzione che a seguito dell'entrata in vigore dei Trattati per certo si determineranno, ma anche quelle che «siano rese possibili».

2.2. *La partecipazione del* Bundestag *al processo di integrazione europea*

L'art. 23, comma 2, GG, stabilisce che alle questioni attinenti all'Unione europea prendono parte «il *Bundestag* e, attraverso il *Bundesrat*, i *Länder*»[23]. Ciò chiede, anzitutto, che il Governo federale informi «in modo esauriente e il più presto possibile il *Bundestag* e il *Bundesrat*» delle «iniziative» intraprese in sede europea.

Secondo quanto prevede la «legge sulla collaborazione tra Governo federale e *Bundestag* nelle questioni relative all'Unione europea», nella versione vigente dal luglio del

---

[23] È appena il caso di osservare che con legge di revisione costituzionale dell'8 ottobre 2008 (in *BGBl.*, I, 1926 ss.), è stato introdotto nell'art. 23 GG un nuovo comma (1a). Esso così recita: «Il *Bundestag* e il *Bundesrat* hanno il diritto di presentare un ricorso dinanzi alla Corte di giustizia dell'Unione europea avverso un atto legislativo dell'Unione per violazione del principio di sussidiarietà. Il *Bundestag* è tenuto a farlo quando vi sia la richiesta di un quarto dei suoi membri. Per l'esercizio dei diritti accordati al *Bundestag* e al *Bundesrat*, sulla base dei Trattati in sede europea, sono ammesse deroghe all'articolo 42, comma 2, frase 1, e all'articolo 52, paragrafo 3, frase 1, con legge soggetta ad approvazione del *Bundesrat*». Tali deroghe concernono, rispettivamente: la regola in base alla quale per le deliberazioni del *Bundestag* occorre «la maggioranza dei voti espressi», a meno che la Costituzione non disponga diversamente; la regola per cui il *Bundesrat* adotta le sue decisioni «almeno a maggioranza dei suoi voti».

2013[24], il dovere di informazione investe una serie di «iniziative» (*Vorhaben*), quali le proposte di modifica dei Trattati, quelle relative alla adesione di nuovi Stati all'Unione, le trattative dell'Unione sulla conclusione di Trattati internazionali, i Libri bianchi e verdi della Commissione europea, ecc.[25]

Il successivo comma 3, invece, impone al Governo di acquisire la posizione del *Bundestag* prima di prendere parte in sede europea all'adozione di un atto normativo, tenendone conto durante le «trattative» (*rectius*: «prestandovi attenzione»).

Sebbene la dottrina ritenga che il Governo non sia strettamente tenuto a seguire le indicazioni formulate dal *Bundestag*[26], la legge sulla collaborazione del 2013 riconosce in capo al *Bundestag* la possibilità di (far) apporre una «riserva di esame parlamentare» in seno al Consiglio UE[27].

---

[24] *Gesetz über die Zusammenarbeit von Bundesregierung und Deutschem Bundestag in Angelegenheiten der Europäischen Union*, 4 luglio 2013 (in *BGBl.*, I, 2170 ss.).

[25] § 5 legge cit.

[26] C. HILLGRUBER, *Art. 23*, in *Kommentar zum Grundgesetz*, a cura di B. Schmidt-Bleibtreu, H. Hofmann e A. Hopfauf, 11. Aufl., Neuwied-Kriftel, 2008, 733 ss., 750.

[27] § 8, comma 4, legge cit.; questa previsione, in realtà, già ricorreva nella precedente versione della legge del 22 settembre 2009 (*BGBl.*, I, 3026 ss.). Vale la pena di precisare, però, che, se posta a confronto con quella recata per l'Italia dall'art. 10 della legge n. 234 del 2012, la disciplina legislativa tedesca della «riserva di esame parlamentare» risulta essere assolutamente scarna.

2.3. *I Länder e il processo di integrazione europea*

In un breve articolo del 1964 *Hans Peter Ipsen* aveva descritto i rapporti intercorrenti tra il diritto statale e il diritto internazionale e comunitario in modo insolito[28]. Lo Stato poteva essere paragonato a una casa che – sulla base di quanto previsto dall'art. 24 GG – apriva la porta al diritto internazionale, consentendo che le norme da questo prodotte potessero entrarvi. Nel caso del diritto comunitario, attraverso la sottoscrizione, la ratifica e l'esecuzione dei Trattati istitutivi delle Comunità europee, lo Stato non si era, però, limitato a questo: «senza controllo e collaborazione del suo diritto costituzionale», esso aveva provveduto a trasferire in capo alle Comunità europee finanche un «pezzo del proprio tetto»[29]. Meglio detto: anche un pezzo del tetto delle case dei *Länder*, giacché con l'adesione alle Comunità europee si era finito per erodere le prerogative riservate loro dalla Costituzione.

In altre parole, i *Länder*, che per tradizione[30] e per pressoché unanime consenso della dottrina[31] e della giu-

---

[28] H. P. IPSEN, *Europäisches Gemeinschaftsrecht*, in *NJW*, 1964, 339 ss.

[29] H. P. IPSEN, *op. cit.*, 340.

[30] In favore del riconoscimento di tale «qualità» – nel vigore della *Reichsverfassung* del 1871 – P. LABAND, *Das Staatsrecht des Deutschen Reiches*, Tübingen, 1911, 1, 5. Aufl., 105 s.; G. MEYER-G. ANSCHÜTZ, *Lehrbuch des Deutschen Staatsrechts*, München, 1919, 7. Aufl., 226 s.; sulla «coesistenza» di tale «qualità», all'interno dello Stato federale, già G. WAITZ, *Grundzüge der Politik*, Kiel, 1862, 44 ss., cit. da J. C. BLUNTSCHLI, *Diritto pubblico universale*, trad. it., I, Napoli, 1873, 391, nt. 1.

[31] Sul punto v. per tutti K. STERN, *Das Staatsrecht der Bundesrepublik Deutschland. Grundbegriffe und Grundlagen des Staatsrechts. Strukturprinzipien der Verfassung*, I, München, 1984, 635 ss., spec. 651 ss., 666 ss., ed ivi

risprudenza costituzionale[32], erano da qualificare come «Stati», (addirittura) titolari di una propria «sovranità costituzionale» (*Verfassungshoheit*)[33], avevano assistito passivamente al "trasferimento" delle loro competenze da parte del *Bund* in favore delle Comunità europee; e le Comunità europee si erano mostrate del tutto indifferenti, ossia «cieche» rispetto alla posizione costituzionale goduta dai *Länder* entro l'ordinamento federale della Repubblica[34].

Per questa ragione, quando nel 1992 si è deciso di introdurre nel testo della *Grundgesetz* una disciplina *ad hoc* del processo di integrazione, si è anche pensato di tenere in debito conto la situazione in cui versavano da tempo i *Länder*, accordando loro la possibilità di prendere parte finalmente ai processi decisionali dello Stato[35].

A tal fine risulta anzitutto prescritto che «il *Bundesrat* deve partecipare alla formazione della volontà del *Bund*

---

letteratura citata.

[32] Su tale qualificazione e sui limiti di essa v. BVerfGE 1, 14, 34, 51 s.; 36, 342, 360 s.; 60, 175, 207 ss.; v. utilmente anche BVerfGE 64, 301, 317, ove si sottolinea come gli spazi costituzionali del *Bund* e dei *Länder* stanno «autonomamente l'uno accanto all'altro».

[33] Cfr., per tutti, W. LÖWER, *Art. 28*, in *Grundgesetz – Kommentar*, a cura di I. v. Münch e P. Kunig, 2, 3. neubearb. Aufl., München, 1995, 257 ss., 261.

[34] Situazione questa che nel 1966 portava *Ipsen* a parlare di *Landesblindheit* delle Comunità europee: cfr. H. P. IPSEN, *Als Bundesstaat in der Gemeinschaft*, in *Probleme des europäischen Rechts. Fs für Walter Hallstein*, a cura di E. v. Caemmerer, H. J. Schlochauer e E. Steindorff, Frankfurt a.M., 1966, 256.

[35] Per M. HILF, *Europäische Union: Gefahr oder Chance für den Föderalismus in Deutschland, Österreich und der Schweiz?*, in *VVDStRL*, 53, 1994, 7 ss., 17, ciò avrebbe finanche rafforzato la legittimazione democratica del processo di integrazione.

qualora debba prender parte a un corrispondente prov-vedimento statale o qualora sul piano interno siano com-petenti i *Länder*» (art. 23, comma 4, GG). Disposizioni più particolareggiate sono, quindi, recate con riguardo ai diversi tipi di competenza del *Bund* e dei *Länder*: 1) se la normativa europea da approvare coinvolga una compe-tenza esclusiva del *Bund* che però solo indirettamente tocchi gli interessi dei *Länder*, il Governo federale deve «tenere in considerazione» la «posizione» del *Bundesrat* (art. 23, comma 5, prima frase, GG); 2) se la normativa europea da approvare coinvolga nel «punto centrale» una competenza legislativa *non esclusiva* dei *Länder* oppure la loro organizzazione amministrativa ovvero il loro proce-dimento amministrativo, il Governo federale è tenuto a «prendere in considerazione» in modo «determinante» il «parere» del *Bundesrat* (art. 23, comma 5, seconda frase, GG); 3) se la normativa europea da approvare coinvolga nel «punto centrale» la competenza legislativa *esclusiva* dei *Länder* nei settori della formazione scolastica, della cultu-ra e della radiotelevisione, la tutela dei diritti che spettano alla Germania, in quanto Stato membro dell'Unione, de-ve essere trasferita dal *Bund* a un rappresentante dei *Län-der* nominato dal *Bundesrat*[36]. Ma la tutela di tali diritti ha

---

[36] In base a questa previsione, la Germania autorizzava il rappresen-tante nominato dal *Bundesrat* a prendere parte ai lavori del Consiglio UE, conformemente, del resto, a quanto lo stesso Trattato comunitario consentiva (art. 203 TCE, oggi art. 16, § 2, TUE: «il Consiglio è com-posto da un rappresentante di ciascuno Stato membro a livello ministe-riale, abilitato a impegnare il governo dello Stato membro che rappre-senta e ad esercitare il diritto di voto»). Nonostante ciò, però, la prassi ha tradito di gran lunga le aspettative dei *Länder*, atteso che l'effettiva loro partecipazione in seno al Consiglio è rimasta ancorata al previo

luogo con l'assenso e la partecipazione del Governo federale, dovendosi sempre preservare la responsabilità generale del *Bund* (art. 23, comma 6, GG)[37].

3. *Il Tribunale costituzionale federale e l'Unione europea: la sentenza sul Trattato di Maastricht del 1993*

La nuova complessa realtà giuridica (e politica) euro-

---

chiarimento da parte del *Bund*: 1) di che cosa dovesse intendersi esattamente per competenze legislative esclusive che fossero coinvolte dalla normativa europea da varare in sede europea; 2) di quando detto coinvolgimento investisse il «punto centrale» (*Schwerpunkt*) della competenza; 3) del se – fermi i presupposti richiesti dalla disposizione costituzionale – la tutela dei diritti della Germania «dovesse» (*soll*) essere trasferita al rappresentante nominato dal *Bundesrat*. Prima della revisione costituzionale effettuata dal 2006 in occasione della *Föderalismusreform* – che ha modificato l'art. 23, comma 6, GG nel senso riferito sopra nel testo – la disposizione del comma 6 fondava il *dovere* per il *Bund*, ma non anche l'*obbligo* di lasciare che in seno al Consiglio sedesse il rappresentante dei *Länder*. La qual cosa ha comportato che il *Bund* abbia potuto legittimamente derogare alla previsione costituzionale. Oggi la *"Soll-Vorschrift"* è stata abrogata e il *Bund* è obbligato a consentire la partecipazione del rappresentante di estrazione sub-statale alle sedute del Consiglio, sebbene, come si è visto, tale partecipazione è limitata ai soli settori della formazione scolastica, della cultura e della radiotelevisione: per maggiori indicazioni sul punto sia consentito rinviare a E. DI SALVATORE, *L'identità costituzionale dell'Unione europea e degli Stati membri. Il decentramento politico-istituzionale nel processo di integrazione*, Torino, 2008, 96 ss.

[37] Il rappresentante dei *Länder* nominato dal *Bundesrat* agisce sul piano europeo come organo del *Bund*. Poiché in ambito nazionale difficilmente potrebbe esser fatta valere la responsabilità politica del rappresentante dei *Länder*, la Costituzione stabilisce che la sua attività si realizzi con l'assenso e la partecipazione del Governo federale; di modo che dell'azione svolta ne risponderà sempre il Governo dinanzi al *Bundestag*: cfr. ancora E. DI SALVATORE, *L'identità costituzionale dell'Unione europea*, cit., 99 s., nt. 113.

pea inaugurata con il Trattato di Maastricht del 1992 è stata oggetto di attenta disamina da parte del Tribunale costituzionale tedesco con la sentenza 12 ottobre 1993[38]. Nonostante il ricorso avverso la legge di autorizzazione alla ratifica del Trattato sull'Unione fosse stato dichiarato ammissibile in relazione alla supposta lesione del principio democratico di cui all'art. 38 GG, il Tribunale si è in invero pronunciato sulla compatibilità dell'intero sistema europeo con quello costituzionale, individuando all'uopo specifiche condizioni affinché la partecipazione della Germania al rinnovato processo di integrazione potesse ritenersi legittima.

In relazione all'art. 38 GG, il giudice costituzionale ha sottolineato come la garanzia dell'esercizio del diritto di voto del cittadino si articoli in due diversi aspetti. Dal punto di vista *formale*, essa concerne il diritto del cittadino di partecipare alle elezioni al *Bundestag* e di pretendere il rispetto delle regole elettorali; dal punto di vista *sostanziale*, essa si concreta nella possibilità di concorrere a determinare la legittimazione dei poteri dello Stato a livello federale e di poterne influenzare l'esercizio[39].

---

[38] BVerfGE 89, 155 ss.; sulla pronuncia v. almeno C. TOMUSCHAT, *Europäische Union unter Aufsicht des Bundesverfassungsgerichts*, in *EuGRZ*, 1993, 489 ss.

[39] Questo secondo aspetto, invero, configura una nozione di democrazia del tutto opposta a quella prefigurata autorevolmente da H. KELSEN, *Demokratie* (1926), in *Demokratie und Sozialismus. Ausgewählte Aufsätze*, Wien, 1967, 11 ss.; cfr. anche K. STERN, *Das Staatsrecht der Bundesrepublik Deutschland. Grundbegriffe und Grundlage des Staatsrecht. Strukturprinzipien der Verfassung*, I, München, 1984, 622: «*Das Grundgesetz hat mit diesem Verständnis radikal gebrochen. Sein demokratisches Prinzip ist material determiniert*»; per la (pregressa) giurisprudenza del Tribunale co-

In questa prospettiva, la prescrizione di scopo (*Staatszielbestimmung*) recata dall'art. 23 GG (apertura al processo di integrazione e contributo allo sviluppo del diritto europeo) non consentirebbe di rinunciare *tout court* all'esercizio della funzione legislativa del *Bundestag*, atteso che il "trasferimento" dei "poteri sovrani" risulta ammissibile solo fino al limite posto dalla «garanzia di eternità» (*Ewigkeitsgarantie*) di cui all'art. 79, comma 3, GG ovvero solo a patto di non violare il *contenuto essenziale* del principio democratico. Da questo punto di vista, si determinerebbe una lesione del principio democratico qualora l'esercizio del potere pubblico non trovasse legittimazione in una decisione (seppur indiretta) del cittadino tedesco. La qual cosa, però, sarebbe stata da escludere, in quanto delle decisioni assunte in ambito europeo il Governo nazionale continuava a essere responsabile dinanzi al *Bundestag*.

D'altra parte, il Trattato di Maastricht non provvedeva all'istituzione di uno Stato europeo, ma solo di una «Associazione federale di Stati» (*Staatenverbund*)[40], titolare di una competenza limitata ai settori espressamente devoluti dagli Stati membri: l'Unione (*rectius*: la Comunità) non

---

stituzionale v., tra le altre, BVerfGE 47, 253 ss., 275 s.; 77, 1 ss., 40; 83, 60 ss., 72.

[40] BVerfGE 89, 155 ss., 181: una «Associazione federale di Stati», che «*von den Mitgliedstaaten getragen wird und deren nationalen Identität achtet*»; con questo il Tribunale recepiva l'indicazione fornita da P. KIRCHHOF, *Der deutsche Staat im Prozess der europäischen Integration*, in *Handbuch des Staatsrechts*, a cura di J. Isensee e P. Kirchhof, Heidelberg, 1992, § 183, 856 ss., spec. 879, che, d'altra parte, era relatore della stessa sentenza; in senso affatto differente, invece, la definizione resa dalla *Gemeinsame Verfassungskommission* in sede di revisione dell'articolo 23 GG: cfr. BT-Drs. 12/6000, 20.

possedeva, dunque, una competenza generale e neppure la c.d. «competenza delle competenze» (*Kompetenz-Kompetenz*)[41].

La ricostruzione della natura giuridica dell'Unione nei termini riferiti ha consentito, quindi, di concludere che alla quantità dei poteri trasferiti non corrispondesse alcuno svuotamento del contenuto del principio democratico, posto che l'impulso al processo di integrazione sarebbe stato da ricondurre all'esercizio dei poteri di controllo e di decisione del *Bundestag*. Gli Stati membri avevano fondato l'Unione europea al solo scopo di porre in comune una parte dell'esercizio delle loro competenze, senza che ciò potesse porre in discussione il fondamento statale dello stesso potere pubblico: essi restavano «Signori dei Trattati» (*Herren der Verträge*)[42].

Più di un argomento deponeva in tal senso: la circostanza che il Trattato si riferisse a un' «unione sempre più stretta tra i popoli dell'Europa» (art. A TUE), con ciò presupponendo evidentemente il mantenimento in vita dei singoli Stati nazionali; il fatto che l'Unione fosse tenuta al rispetto della «identità nazionale dei suoi Stati membri» (art. F TUE); la circostanza che la Comunità esercitasse, appunto, la propria attività sulla base di competenze espressamente attribuite; la considerazione che, a conti fatti, le competenze attribuite interessassero attività principalmente economiche.

Anche sul piano della tutela dei diritti fondamentali, per il giudice costituzionale il Trattato si poneva in linea

---

41 BVerfGE 89, 155 ss., 191 ss.
42 BVerfGE 89, 155 ss., 189.

di continuità con gli sviluppi pregressi[43]. Da questo punto di vista, il diritto europeo mai avrebbe potuto ridurre
lo *standard* di tutela garantito dalla Costituzione e comunque il Tribunale costituzionale avrebbe vigilato, in un
rapporto di cooperazione con il giudice della Comunità
europea, sul perdurante rispetto del «contenuto essenziale» dei diritti medesimi (*Wesensgehalt*)[44]. Qualora tali condizioni fossero, invece, venute meno, la Germania
avrebbe potuto (e dovuto) recedere dal processo di integrazione: «la validità e l'applicazione del diritto europeo
in Germania» – concludeva recisamente il Tribunale –
dipendono unicamente dalla legge di esecuzione del Trattato[45].

3.1. *Il Trattato di Lisbona e la sentenza del 2009*

Nel dicembre del 2001, i Capi di Stato e di Governo,
riuniti nel Consiglio europeo di Laeken, adottavano una
«Dichiarazione sul futuro dell'Unione», manifestando
con ciò l'intenzione di conferire al processo di integra-

---

[43] BVerfGE 89, 155 ss., 174 s.; da questo punto di vista – e contra-
riamente a quanto, invero, disposto testualmente dall'art. 23, comma 1,
GG – il Tribunale costituzionale federale confermava quanto già sostenuto nella c. d. *Solange II* del 1986 (BVerfGE 73, 339 ss.), e cioè che la
tutela dei diritti fondamentali da parte del livello europeo dovesse essere sostanzialmente *uguale* a quella accordata dalla *Grundgesetz*.
[44] In ordine alla tutela dei diritti fondamentali v. anche BVerfGE
102, 147 ss. (c.d. "*Bananenmarktordnung*"), con la quale il Tribunale costituzionale ribadisce che il ricorso avverso un atto normativo comunitario è di per sé inammissibile, a meno che non si dimostri che, sul piano
europeo, l'evoluzione della tutela dei diritti metta capo a uno *standard* di
garanzia inferiore a quello fornito dalla *Grundgesetz*.
[45] BVerfGE 89, 155 ss., 190.

zione un rinnovato impulso[46]. Secondo il Consiglio, a cinquant'anni dall'avvio del processo di integrazione l'Europa si trovava «in un momento cruciale della sua esistenza» e collocata in un contesto storico-politico profondamente mutato. I cittadini europei auspicavano che, al di fuori dei suoi confini, l'Unione esportasse il proprio modello socio-politico, mentre, in relazione al piano interno, chiedevano che essa divenisse più democratica e che l'azione esercitata dalle due Istituzioni fosse maggiormente efficiente e trasparente. Molte erano, dunque, le questioni da affrontare, non ultima quella relativa alla possibilità di dotare l'Unione di un testo costituzionale.

Così, il Consiglio europeo di Laeken convocava una «Convenzione sull'avvenire dell'Europa», che nel giro di un paio di anni licenziava un «Progetto di Trattato che istituisce una Costituzione per l'Europa»: nel luglio del 2003 il testo veniva consegnato alla subentrante Presidenza italiana dell'UE, affinché la Conferenza intergovernativa procedesse all'esame e all'approvazione definitiva del progetto. Com'è noto, però, il «Trattato che adotta una Costituzione per l'Europa» non è mai entrato in vigore, in ragione dell'esito negativo ottenuto dal referendum svoltosi in Francia e in Olanda[47]. In suo luogo, dopo una breve pausa di riflessione, gli Stati membri hanno proceduto a una riforma dei Trattati esistenti e il 13 dicembre 2007 hanno sottoscritto il Trattato di Lisbona.

Il Trattato di Lisbona non sostituisce, dunque, i Trattati europei esistenti, ma li modifica. In ragione degli

---

[46] Cfr. P. CRAIG, *Constitutional Process and Reform in the EU: Nice, Laeken, the Convention and the IGC*, in *Eur. Publ. Law*, 2004, 653 ss.

[47] Su tali vicende F.C. MAYER, *Wege aus der Verfassungskrise – Zur Zukunft des Vertrages über eine Verfassung für Europa*, in *JZ*, 2007, 593 ss.

emendamenti apportati, esso elimina la struttura a pilastri dell'Unione e prevede che questa si fondi su due Trattati aventi lo stesso valore giuridico: il Trattato sull'Unione europea e il Trattato sul funzionamento dell'Unione europea. Secondo quanto dispone ora l'art. 1 TUE, «l'Unione sostituisce e succede alla Comunità europea».

Sul piano dei contenuti le modifiche hanno interessato sia gli obiettivi dell'Unione – che risultano ora notevolmente accresciuti – sia il funzionamento delle sue Istituzioni.

La Germania ha dato esecuzione al Trattato con legge di «approvazione» (*rectius*: di esecuzione) dell'8 ottobre 2008, varata unitamente alla legge di revisione costituzionale degli articoli 23, 45 e 93 GG e ad altre tre leggi federali ordinarie (c.d. «legislazione collegata»). L'intero "pacchetto" legislativo è stato, tuttavia, impugnato dinanzi al Tribunale costituzionale, che si è pronunciato con sentenza il 30 giugno 2009[48].

Con la sua sentenza, il Tribunale ha ritenuto ammissibili i ricorsi presentati contro la legge di «approvazione» del Trattato, nella parte in cui denunciavano una lesione del principio democratico, una perdita della condizione di Stato della Repubblica federale[49] e una violazione del principio dello Stato sociale. Esso, inoltre, ha ammesso i

---

[48] BVerfGE 123, 267 ss., sulla quale v., tra gli altri, G. NICOLAYSEN, *Das Lissabon-Urteil des Bundesverfassungsgerichts im Kontext der Europarechtsprechung des Bundesverfassungsgericht*, in *EuR*, 2010, 9 ss.; K. F. GÄDITZ-C. HILLGRUBER, *Volkssouveränität und Demokratie ernst genommen – Zum Lissabon-Urteil des BVerfG*, in *JZ*, 2009, 872 ss.; nella dottrina italiana v. i commenti pubblicati in *http://www.astrid.eu/Dossier--L4/La-sentenz/index.htm*.

[49] Su tale questione, già affrontata *in nuce* con la sentenza sul Trattato di Maastricht, v. anche BVerfGE 113, 273 ss., relativa al mandato di arresto europeo.

ricorsi contro la «legislazione collegata» alla legge di «approvazione», nella parte in cui lamentavano una lesione del principio democratico. Ha ammesso, infine, il conflitto tra organi, nella parte in cui il gruppo parlamentare *"die Linke"* denunciava una violazione dei poteri decisionali della Camera dei deputati in ordine all'impiego delle forze armate tedesche.

Dal punto di vista formale, il Tribunale ha accolto i ricorsi ritenendo che la legge di «approvazione» del Trattato e la «legislazione collegata» dovessero intendersi quali «atti del potere pubblico tedesco», a prescindere dalla circostanza che non fossero ancora entrate in vigore.

Secondo il giudice, infatti, poiché sul piano internazionale gli obblighi per lo Stato nascono già nel momento in cui «il Presidente federale firmi l'atto di ratifica e lo depositi presso il depositario», la legge di approvazione e la legislazione collegata, «da cui entrata in vigore è sincronizzata con l'entrata in vigore del Trattato di Lisbona», possono essere «eccezionalmente» impugnate anche prima della loro entrata in vigore[50].

Nel merito, il Tribunale ha ritenuto parzialmente fondati i ricorsi, dichiarando illegittima la sola «legge di estensione e rafforzamento dei poteri del *Bundestag* e del *Bundesrat* nelle questioni relative all'Unione europea», sul presupposto che essa non corrispondesse ai requisiti imposti dall'art. 23, comma 1, GG e, segnatamente, in relazione al rispetto del principio democratico.

---

[50] BVerfGE 123, 267 ss., 329, ove si legge, inoltre: «l'art. 2 della legge di revisione costituzionale si ricollega all'entrata in vigore del Trattato di Lisbona, l'art. 3 della legge di estensione [e di rafforzamento dei poteri del *Bundestag* e del *Bundesrat* nelle questioni relative all'Unione europea] si ricollega all'entrata in vigore della legge di revisione costituzionale».

Il complesso e a tratti retorico ragionamento svolto nella lunghissima sentenza – che si conclude con la richiesta al *Bundestag* di modifica della legge dichiarata illegittima[51] – ruota intorno all'idea che la democrazia, pur riassumendosi in prima battuta in una garanzia di tipo procedurale (*i.e.*: nel rispetto delle regole elettorali), investa la possibilità di influenzare le modalità di esercizio del potere pubblico. Da questo punto di vista, il Parlamento tedesco sarebbe concretamente responsabile dinanzi al popolo delle decisioni assunte in ambito europeo per effetto del trasferimento dei poteri in capo alle Istituzioni. Di guisa che uno svuotamento del principio democratico – al punto tale che le decisioni assunte in ambito europeo non siano (più) conseguenza della partecipazione indiretta dei cittadini tedeschi all'esercizio del potere pubblico – violerebbe la stessa identità della Costituzione, atteso lo stretto legame che il Tribunale individua tra il diritto di voto e i limiti posti alla revisione costituzionale (art. 79, comma 3, GG). Questo vuol dire – secondo il Tribunale – che il principio democratico non è suscettibile di bilanciamento (con altri principi o valori) e che è vietata ogni interferenza nell'esercizio del potere costituente del popolo tedesco. In questa prospettiva, l'apertura all'integrazione contemplata dall'art. 23, comma 1, GG non può mai tradursi in una rinuncia alla propria identità costituzionale, come avverrebbe se l'Unione pretendesse di ergersi a Stato federale: soluzione di per sé non impossibile, ma alla luce della Costituzione vigente assolutamente vietata, posto che, implicando ciò un trasferimento della sovranità a «un nuovo soggetto di legittimazione», detta evenienza imporrebbe una rinnovata manifestazio-

---

[51] BVerfGE 123, 267 ss., 369.

ne di volontà del popolo tedesco[52]. Se così non fosse ovvero se mutasse la natura giuridica dell'Unione (non più *Staatenverbund*, bensì Stato federale), la Germania recederebbe dal processo di integrazione.

3.2. *La sentenza* Mangold *del 2010*

Nella sentenza sul Trattato di Lisbona, e al di là della dichiarazione di illegittimità della legge sull'estensione e il rafforzamento del *Bundestag* e del *Bundesrat* nelle questioni relative all'Unione europea, il Tribunale costituzionale ha condizionato la partecipazione della Germania al processo di integrazione al rispetto dell'identità della Costituzione. Questo tipo di controllo – contenuto, invero, *in nuce* già nella sentenza sul Trattato di Maastricht del 1993 – si è venuto a saldare, quindi, a quello sul rispetto dei diritti fondamentali, come in passato evocato dalla sua stessa giurisprudenza.

Nella sentenza del 2009, tuttavia, il giudice costituzionale fa cenno anche a un altro tipo di problema: quello degli atti adottati dall'Unione *ultra vires* ovvero degli atti eventualmente varati senza una espressa attribuzione di competenza da parte degli Stati membri. E anche in questo caso, il Tribunale sostiene che questo tipo di controllo debba essere effettuato direttamente dal giudice costituzionale[53].

La questione è stata successivamente affrontata dal Tribunale con la sentenza del 2010 sul "caso" *Mangold*[54].

---

[52] BVerfGE 123, 267 ss., 347 s.

[53] BVerfGE 123, 267 ss., 354 s.

[54] BVerGE 126, 286 ss.; sulla quale, tra i tanti, v. B. FORSCHNER, *Europarecht und nationale Rechtsordnung: „Mangold" in geklärtem dogmatischem*

99

Nella sua pronuncia, il Tribunale costituzionale ha precisato che, sebbene gli Stati membri, al fine di non mettere a repentaglio l'applicazione unitaria del diritto europeo, non possano decidere «individualmente» in ordine al primato (nella applicazione) degli atti dell'Unione (*Anwendungsvorrang*), essi rimangono comunque competenti circa il loro sindacato quando detti atti siano adottati *ultra vires*: se così non fosse, la garanzia sui fondamenti dei Trattati europei riposerebbe esclusivamente nelle mani delle Istituzioni dell'Unione; e ciò anche qualora l'interpretazione del diritto da essi resa conducesse al risultato pratico di una modifica o di una estensione delle competenze previste per l'Unione. Anche dopo l'entrata in vigore del Trattato di Lisbona – ha ribadito il Tribunale costituzionale – gli Stati membri restano i «Signori dei Trattati» (*Herren der Verträge*) e «la soglia dello Stato federale non può essere superata» (*die Schwelle zum Bundesstaat nicht überschritten wurde*)[55]. Lo Stato tedesco, in conformità al proprio ordinamento, riconosce il primato del diritto UE e lo tutela. Per questa ragione, il sindacato sul con-

---

Kontext, in *ZJS*, 2011, 456 ss. Di questo "caso", invero, si era già interessata la Corte di giustizia nel 2005. Nella sentenza essa aveva sostenuto che il principio di non discriminazione in base all'età fosse da intendere come un principio generale del diritto comunitario, in ragione del fatto che detto divieto trovasse «la sua fonte in vari strumenti internazionali e nelle tradizioni costituzionali comuni agli Stati membri». Ciò, a parere della Corte di giustizia, avrebbe comportato che il giudice nazionale, «adito con una controversia che mette in discussione il principio di non discriminazione in ragione dell'età», dovesse «assicurare, nell'ambito della sua competenza, la tutela giuridica che il diritto comunitario attribuisce ai singoli, garantendone la piena efficacia e disapplicando le disposizioni eventualmente confliggenti della legge nazionale» (Corte giust., sent. 22 novembre 2005, Causa C-144/04, *Mangold*, in *Racc.*, 2010, I-9981 ss., p.ti 73-76).

[55] BVerfGE 126, 286 ss., 303.

trollo degli atti riservato al Tribunale deve essere esercitato in senso «amichevole al diritto europeo» (*europarechtsfreundlich*)[56]. Ciò comporta che lo stesso Tribunale debba fondamentalmente considerare come vincolanti le interpretazioni fornite dalla Corte di giustizia attraverso le sue sentenze. E che fino a quando questa, attraverso il rinvio pregiudiziale, non abbia avuto occasione di pronunciarsi sull'interpretazione dei Trattati o sull'interpretazione e sulla validità dell'atto oggetto del suo giudizio, il Tribunale non potrà statuire sull'inapplicabilità del diritto dell'Unione in Germania[57]. Qualora, invece, dovesse risultare «evidente» (*ersichtlich*) che l'attività delle istituzioni dell'Unione si è svolta al di fuori delle competenze attribuite, il Tribunale costituzionale eserciterà l'«*Ultra-vires Kontrolle*»[58].

3.3. *La recente giurisprudenza costituzionale sugli gli aiuti di Stato alla Grecia e sui Trattati MES e* Fiscal Compact

Il 2 maggio 2010 gli Stati membri dell'Unione monetaria e il Fondo Monetario Internazionale decidevano di intervenire in soccorso della Grecia con un pacchetto di 110 miliardi di euro. Pochi giorni dopo veniva istituito un fondo di salvataggio per i Paesi dell'Eurozona, prevedendosi un intervento triennale suddiviso in due fasi: nella prima l'Unione europea sarebbe intervenuta con un prestito di 60 miliardi di euro in favore degli Stati in crisi finanziaria; qualora detto intervento non fosse stato suf-

---

[56] BVerfGE 126, 286 ss., 303.
[57] BVerfGE 126, 286 ss., 304.
[58] BVerfGE 126, 286 ss., 304 s.

ficiente a ripianare le difficoltà finanziarie dei Paesi in crisi, si sarebbe nuovamente intervenuto con l'aiuto di tutti
gli Stati dell'Unione monetaria fino a un massimo di 440
miliardi di euro, alla condizione, però, che lo Stato interessato dall'intervento avesse concordato con l'UE e con
il Fondo Monetario Internazionale un piano di risana-
mento, accettando il controllo di quest'ultimo.
In relazione a tali decisioni la Germania ha adottato
due leggi: con la legge sulla stabilizzazione finanziaria
dell'Unione monetaria[59] ha "ratificato" il pacchetto di
aiuti alla Grecia, impegnandosi per circa 22 miliardi di
euro; con la legge sul meccanismo europeo di stabilizzazione finanziaria[60] ha accettato le regole concernenti il
Fondo di salvataggio, impegnandosi per 123 miliardi di
euro.
Le due leggi sono state impugnate dinanzi al Tribunale
costituzionale federale. Con i ricorsi presentati si è, in sostanza, sostenuto che il pacchetto di aiuti alla Grecia e il
meccanismo di stabilizzazione violassero i Trattati europei e, segnatamente, i principi di stabilità dell'euro e di
responsabilità di ciascuno Stato per i debiti contratti. Da
questo punto di vista, infatti, il Trattato sul funzionamento dell'Unione vieta qualsiasi forma di aiuto agli Stati[61],

---

[59] *Gesetz zur Übernahme von Gewährleistungen zum Erhalt der für die Fi-
nanzstabilität in der Währungsunion erforderlichen Zahlungsfähigkeit der Helleni-
schen Republik*, 7 maggio 2010 (in *BGBl.*, I, 537 ss.).
[60] *Gesetz zur Übernahme von Gewährleistungen im Rahmen eines europäischen Stabilisierungsmechanismus*, 22 maggio 2010 (in *BGBl.*, I, 627 ss.).
[61] Art. 125 TFUE: «1. L'Unione non risponde né si fa carico degli
impegni assunti dalle amministrazioni statali, dagli enti regionali, locali,
o altri enti pubblici, da altri organismi di diritto pubblico o da imprese
pubbliche di qualsiasi Stato membro, fatte salve le garanzie finanziarie

ammettendolo solo eccezionalmente[62]. Di modo che una deroga alle previsioni del TFUE – nei termini precisati – avrebbe configurato una lesione delle disposizioni costituzionali degli articoli 14, 20, 28, 115 e 79 GG.

Il Tribunale costituzionale ha, però, respinto i ricorsi presentati con sentenza del 7 settembre 2011[63]. A suo parere, quanto stabilito con le sentenze sul Trattato di Maastricht e su quello di Lisbona può e deve essere esteso anche al piano delle relazioni intergovernative: i poteri di controllo sulle decisioni di bilancio – precisa il giudice costituzionale – spettano pur sempre solo al *Bundestag*, quand'anche ciò attenga a decisioni che si collocano formalmente fuori dal processo di integrazione europea.

In relazione alla legge sul meccanismo europeo di stabilizzazione finanziaria il Tribunale ha quindi chiarito che l'accordo tra il Governo federale e la Commissione Bi-

---

reciproche per la realizzazione in comune di un progetto economico specifico. Gli Stati membri non sono responsabili né subentrano agli impegni dell'amministrazione statale, degli enti regionali, locali o degli altri enti pubblici, di altri organismi di diritto pubblico o di imprese pubbliche di un altro Stato membro, fatte salve le garanzie finanziarie reciproche per la realizzazione in comune di un progetto specifico».

[62] Art. 122 TFUE: «1. Fatta salva ogni altra procedura prevista dai trattati, il Consiglio, su proposta della Commissione, può decidere, in uno spirito di solidarietà tra Stati membri, le misure adeguate alla situazione economica, in particolare qualora sorgano gravi difficoltà nell'approvvigionamento di determinati prodotti, in particolare nel settore dell'energia. 2. Qualora uno Stato membro si trovi in difficoltà o sia seriamente minacciato da gravi difficoltà a causa di calamità naturali o di circostanze eccezionali che sfuggono al suo controllo, il Consiglio, su proposta della Commissione, può concedere a determinate condizioni un'assistenza finanziaria dell'Unione allo Stato membro interessato. Il presidente del Consiglio informa il Parlamento europeo in merito alla decisione presa».

[63] BVerfGE 129, 124 ss.

lancio del Parlamento, cui fa riferimento la legge impugnata, deve darsi prima che il Governo assuma impegni sul piano europeo.

Il 12 settembre 2012 il Tribunale costituzionale si è pronunciato sulla ratifica del Trattato che istituisce il Meccanismo Europeo di Stabilità (MES)[64] e sul c.d. *Fiscal compact*[65], respingendo le istanze cautelari presentate al fine di impedire che i Trattati fossero ratificati e che leggi di «approvazione» potessero entrare in vigore[66].

Secondo il Tribunale, i due Trattati, riconducibili entro la previsione costituzionale dell'art. 23, comma 2, GG, sono compatibili con la Carta costituzionale a due condizioni: che l'impegno della Germania non ecceda la quota di capitale sottoscritta (190 miliardi circa), salvo diversa autorizzazione da parte del *Bundestag*; che il *Bun-*

---

[64] Ma v. anche BVerfG, 2 BvE 4/11, del 19 giugno 2012, con cui il Tribunale ha dichiarato violati i diritti del *Bundestag*, *ex* art. 23, comma 2, GG, in quanto il Governo federale avrebbe, tra l'altro, omesso di inviare al Parlamento tedesco il progetto di Trattato MES prima di prendere parte alla riunione del Consiglio europeo. V. inoltre BVerG, 2 BvE 8/11, del 28 febbraio 2012, con cui il Tribunale ha dichiarato violati i diritti del *Bundestag* in ordine alle decisioni concernenti l'*European Financial Stability Facility* (EFSF).

[65] BVerfG, 2 BvR 1390/12 (12 settembre 2012).

[66] Nella dottrina italiana si segnalano i commenti di P. RIDOLA, "Karlsruhe locuta causa finita?". Il Bundesverfassungsgericht, *il fondo salva-Stati e gli incerti destini della democrazia federalista europea*, in *www.federalismi.it*, 18/2012; A. DE PETRIS, *La sentenza del* Bundesverfassungsgericht *sul Meccanismo Europeo di Stabilità e sul* Fiscal Compact. *Una guida alla lettura*, ivi; A. DI MARTINO, *La sentenza del* Bundesverfassungsgericht *sul Meccanismo Europeo di Stabilità e sul* Fiscal Compact. *Una lettura alla luce della giurisprudenza precedente*, ivi; F. PEDRINI, *Germania: le "cautele" di Karlsruhe. Qualche osservazione su* BVerfG MES/Fiscal Compact, in *www.forumcostituzionale.it* (1° ottobre 2012).

destag sia sempre preventivamente informato circa i lavori del MES e che a esso non possa essere opposto l'obbligo di riservatezza dei documenti del MES, *ex* artt. 32, 34 e 35 del Trattato[67].

Anche questa più recente decisione, in conclusione, finisce per innestarsi sul solco delle precedenti e conferma le posizioni più o meno granitiche sulle quali pare ormai attestarsi il giudice costituzionale, specie in ordine al rispetto del principio democratico, dell'identità della Costituzione e dei diritti di informazione che spettano al *Bundestag*.

---

[67] Sul punto cfr. utilmente M. BONINI, *Il BVerfG, giudice costituzionale o «Signore dei Trattati»? Fondo «salva-Stati», democrazia parlamentare e rinvio pregiudiziale nella sentenza del 12 settembre 2012*, in *Rivista AIC*, 4/2012, 5, nonché A. DI MARTINO, *op. cit.*, 10.

4.

Giudici e Richterrecht *nell'evoluzione della forma di Stato*

SOMMARIO: L'espressione *Richterrecht*. Teoria del diritto e dottrina dello Stato. Il *Richterrecht* nell'evoluzione della forma di Stato. – 2. "*Volksgeist*", legislatore e giudice nel pensiero della Scuola storica del diritto. Il II *Reich* del 1871 e la concezione dello Stato-persona nei rapporti tra le fonti del diritto e nelle relazioni tra gli organi costituzionali. – 3. La Costituzione francese del 1875 e la concezione della legge come «regola generale». Il *Rechtsstaat* tedesco e la concezione della legge come «regola di diritto». Fonti del diritto e giudice. – 4. Democrazia, pluralismo e *Richterrecht* nella vigenza della forma di Stato della Repubblica di *Weimar*. – 5. Giudici e *Richterrecht* tra teoria e prassi del nazionalsocialismo. – 6. Giudici e *Richterrecht* nella *Grundgesetz* del 1949.

1. *L'espressione* Richterrecht. *Teoria del diritto e dottrina dello Stato. Il* Richterrecht *nell'evoluzione della forma di Stato*

L'espressione *Richterrecht* designa letteralmente il fatto produttivo del diritto da parte del giudice[1]. Il presente

---

[1] G. ORRÙ, *Richterrecht. Il problema della libertà e autorità giudiziale nella dottrina tedesca contemporanea*, Milano, 1983, 2; è appena il caso di precisare che la problematica del *Richterrecht* va mantenuta distinta da quella relativa al c.d. "diritto vivente": in questo secondo caso, infatti, l'espressione ha riguardo a «quella applicazione "costante diffusa e prevalente"», che «agisce esattamente alla maniera di un precedente radicato a tal punto nella giurisprudenza che, per essere modificato, necessita dell'intervento del giudice delle leggi (o, al limite, del legislatore)»: così D. BIFULCO, *Il giudice è soggetto soltanto al «diritto». Contributo allo studio*

107

scritto non si propone di indagare se e in quali termini detta produzione sia immanente all'attività svolta dal giudice ovvero se e in che modo essa sia intrinseca al momento stesso della comprensione. Che di per sé l'interpretazione si concreti in un atto di creativa costruzione (e mai di mera sussunzione) del diritto è una verità difficilmente controvertibile[2]. Agli occhi del giurista, però, questa stessa verità saprebbe esprimere un significato solo psicologicamente, sociologicamente o filosoficamente rilevante, essendo tesa a mostrare secondo quali modalità vitali il giudice perviene alla «Recht-Sprechung»[3]. In questo senso, allora, il dogma della perfetta coincidenza tra soggetto e oggetto dell'interpretazione può costituire solo un punto di partenza, ma non certo una conclusione giuridicamente soddisfacente; a meno che, si intende, non sia proprio l'ordinamento positivo ad accordare valore prescrittivo a modalità siffatte. Per questa ragione, può qui tralasciarsi di discutere ulteriormente[4] se

_____

dell'articolo 101, comma 2, della Costituzione italiana, Napoli, 2008, 47; in questo senso già A. PUGIOTTO, Sindacato di costituzionalità e «diritto vivente». Genesi, uso, implicazioni, Milano, 1994, 267.

[2] A. KAUFMANN, Ermeneutica e filosofia del diritto, in ID., Filosofia del diritto ed ermeneutica, trad. it., Milano, 2003, 3 ss., 9; sul problema v. anche C. LUZZATI, La vaghezza delle norme. Un'analisi del linguaggio giuridico, Milano, 1990, 118 ss., ed ivi ulteriore letteratura citata; questa conclusione tende ad agganciarsi alla tradizione della filosofia ermeneutica, che collega tra loro Schleiermacher, Dilthey, Heidegger e Gadamer; in proposito sia consentito rinviare a E. DI SALVATORE, Tradizione come problema costituzionale, Giulianova, 2012, 40 ss.

[3] A. KAUFMANN, La storicità del diritto alla luce dell'ermeneutica, in ID., Filosofia del diritto, cit., 33 ss., 63.

[4] La questione è invece considerata da G. ORRÙ, Richterrecht, cit., 20 ss., ed ivi riferimenti al c.d. "circolo ermeneutico" (Heidegger, Gadamer) e al problema della «Vorverständnis» (Esser): «Il postulato della riflessione

l'attività del giudice sconti un necessario rapporto di identità o di alterità tra soggetto e oggetto dell'interpretazione[5] o se, nella prospettiva di una «ontologia delle relazioni»[6], il diritto sia non un «oggetto», ma «piuttosto la struttura dei rapporti nei quali gli uomini stanno l'uno verso l'altro e verso le cose»[7].

---

critica della precomprensione esige che si studino i meccanismi della formazione della precomprensione sia dal punto di vista psicologico sia dal punto di vista sociologico, altrimenti non si farebbe alcun passo avanti rispetto al positivismo giuridico, che tale precomprensione non vedeva o nascondeva».

[5] Cfr. E. BETTI, *Diritto romano e dogmatica odierna*, in *Arch. giur.*, 1928, 70 ss., ora in ID., *Diritto Metodo Ermeneutica. Scritti scelti*, Milano, 1991, 59 ss., 64 ed anche 81, per il quale «i termini del processo conoscitivo sono pur sempre due: il soggetto e l'oggetto»; l'idea che tra soggetto e oggetto dell'interpretazione si dia una necessaria identità è comunque respinta da parte della dottrina più risalente: cfr. ad es. D. DONATI, *Il problema delle lacune dell'ordinamento giuridico*, Milano, 1910, 175 ss., 186 s., il quale sostiene che l'attività del giudice sia sempre esclusivamente «dichiarativa»; in ordine al *«Subjekt-Objekt Schema»*, anche con riferimento al problema delle lacune del diritto, v. utilmente K. ENGISCH, *Aufgaben einer Logik und Methodik des juristischen Denkens*, in *Beiträge zur Rechtstheorie*, Frankfurt a.M., 1984, 65 ss.

[6] Questa prospettiva muove da un passo di Tommaso d'Aquino (*Summa theologica*, I, 116, 2, ad 3: «*Ordo non est substantia, sed relatio*») e si oppone tanto all'idea che il diritto possa essere ridotto a mero sistema di norme – come ebbe a ritenere il *Kelsen* sulla scia della dottrina delle forme elaborata da *Kant* (*Critica della ragion pura*, trad. it., Roma-Bari, 2005, 77 ss.) –, quanto all'idea che tutto il diritto sia direttamente ricavabile dalla *Natur der Sache*: cfr. A. KAUFMANN, *Il diritto tra identità e differenza. Riflessioni su un tema non approfondito*, in ID., *Filosofia del diritto*, cit., 75 ss., 90.

[7] Nella *Prefazione* all'*Einführung in Rechtsphilosophie und Rechtstheorie der Gegenwart* del 1994, *Kaufmann* scrive: «Il diritto non è un «oggetto» come alberi e case. Il diritto è piuttosto la struttura dei rapporti nei quali gli uomini stanno l'uno verso l'altro e verso le cose. Invece di una ontologia sostanziale va sviluppata una ontologia delle relazioni» (la citazione è tratta da A. KAUFMANN, *Filosofia del diritto, teoria del diritto, dogmatica*

Sul piano strettamente giuridico, estraneo al presente scritto è, però, pure l'indagine intorno al significato che il *Richterrecht* esprime dal punto di vista della teoria generale del diritto. Una valutazione di questo tipo, infatti, non si discosterebbe sensibilmente da quella sopra descritta, in quanto, pur escludendo dalla problematica in discorso ogni presupposto psicologicamente, sociologicamente o filosoficamente rilevante, essa finirebbe per attribuire al diritto giurisprudenziale una validità di carattere universale. E una pretesa siffatta si scontrerebbe non tanto contro la realtà dell'ordinamento giuridico, quanto contro la stessa possibilità di individuare i presupposti dogmatici che sostengono le diverse fasi di sviluppo dell'ordinamento, così come i caratteri peculiari che connotano l'attività giurisprudenziale entro le differenti esperienze costituzionali.

Con ciò non si vuole certo svilire il ruolo che la teoria generale del diritto ha esercitato sulla funzione giurisdizionale, dovendosi semplicemente storicizzare ovvero restituire alla sua giusta luce l'eventuale influenza che la teoria medesima ha saputo storicamente esercitare in proposito: sintomatica, al riguardo, è la reazione che essa ha innescato al termine della seconda guerra mondiale, quando quella pretesa, smascherata nei suoi fondamenti ideologici, venne bruscamente relativizzata e ricondotta

---

giuridica, in ID., *Filosofia del diritto*, cit., 223 ss., 247; v. utilmente anche ID., *La «ipsa res iusta». Pensieri per un'ontologia ermeneutica del diritto*, ivi, 95 ss., 102); in questo modo, invero, nonostante dichiari di condividere il presupposto che sostiene la teoria del circolo ermeneutico, l'A. finisce per allontanarsi dalle posizioni sulle quali si erano attestati *Heidegger* e *Gadamer*.

alla "ragione" del diritto naturale. In quella occasione, anche l'attività del giudice si fece talvolta carico di un compito diverso[8]. In questa prospettiva, allora, l'analisi della specifica funzione assolta dal diritto giurisprudenziale deve essere collegata all'assetto storico-giuridico dello Stato e al ruolo riconosciuto entro la sua forma al diritto.

2. *"Volksgeist", legislatore e giudice nel pensiero della Scuola storica del diritto. Il II Reich del 1871 e la concezione dello Stato-persona nei rapporti tra le fonti del diritto e nelle relazioni tra gli organi costituzionali*

Nella prima metà del secolo XIX, il rifiuto delle dottrine francesi illuministiche dello Stato e del diritto aveva condotto la scuola storica tedesca ad affermare che fonte del diritto positivo fosse «lo spirito popolare, vivente ed operante universalmente in tutti gli individui»[9]. Secondo questa impostazione, «la forma, in cui vive il diritto nella coscienza comune del popolo», non era quella di una «regola astratta», bensì quella della «vivace intuizione degli istituti giuridici nel loro complesso organico». Qualora

---

[8] Cfr. sul punto la giurisprudenza richiamata da K. ENGISCH, *Introduzione al pensiero giuridico*, trad. it., Milano, 1970, 283, che recepì la nota "formula" elaborata da G. RADBRUCH, *Gesetzliche Unrecht und übergesetzliches Recht*, in *SJZ*, 1946, 105 ss., 107; v. inoltre K. STERN, *Das Staatsrecht der Bundesrepublik Deutschland. Die geschichtlichen Grundlagen des Deutschen Staatsrechts*, V, München, 2000, 2119 s., ed ivi ulteriori ragguagli di giurisprudenza; v. anche BVerfGE, 95, 96 ss., 134 s.

[9] F. C. V. SAVIGNY, *Sistema del diritto romano attuale* (1840), trad. it., I, Torino, 1886, 43.

fosse sorto «il bisogno di concepire la regola nella sua forma logica, questa [doveva] ottenersi mediante un procedimento artificiale, traendola da quella complessiva intuizione»[10].

Per *Savigny* e i suoi seguaci occorreva anzitutto ammettere che lo spirito popolare originasse il fatto normativo e convalidasse, attraverso l'uso costante che se ne faceva, l'efficacia giuridica del diritto prodotto, sebbene il riconoscimento del collegamento necessario tra genesi del diritto e coscienza popolare non avrebbe potuto escludere che il diritto, una volta generato, fosse comunque in condizione di vivere di vita propria ovvero di svilupparsi in virtù dell'attività interpretativa del legislatore, incaricato di formulare la legge, e del giudice, chiamato ad applicarla. Detta attività, infatti, aveva a oggetto non già principi o regole astratte, ma unicamente comportamenti umani, che lo stesso *Savigny* qualificava come «istituti giuridici», e il cui significato – quello originariamente espresso e quello a essi ascrivibile in ragione del loro «progressivo sviluppo» – non poteva essere esattamente colto dall'interprete se non supponendo che gli istituti giuridici interagissero tra loro entro un medesimo sistema.

Così, mentre il legislatore era chiamato a recepire e a modificare il diritto popolare quando non fosse stato più corrispondente allo stadio di evoluzione naturale degli istituti (oppure «quando coll'andar del tempo si fa sentire il bisogno di istituti giuridici del tutto nuovi»)[11], il giudice

---

[10] F. C. V. SAVIGNY, *Sistema*, cit., 44.
[11] F. C. V. SAVIGNY, *Sistema*, cit., 65.

avrebbe dovuto procedere a «ricomporre l'insieme organico, di cui la legge non presenta[va] che un singolo aspetto»[12].

La nascita del II *Reich* nel 1871 rovesciava, tuttavia, questa prospettiva e rifiutava, nella strutturazione dei pubblici poteri, anche la filosofia illuministica di fondo che, senza reale soluzione di continuità, ispirava ancora l'organizzazione costituzionale dello Stato francese. Nella costruzione del nuovo Stato si riversavano, almeno in parte, l'idealismo obiettivo di *Hegel* e la concezione religiosa e luterana del potere. Esclusivo detentore della sovranità non era il popolo, bensì lo Stato[13]: «un organismo etico idealmente personificato»[14], il cui più accreditato at-

---

[12] F. C. V. SAVIGNY, *Sistema*, cit., 67.

[13] Cfr. G. W. F. HEGEL, *Lineamenti di filosofia del diritto. Diritto naturale e scienza dello Stato* (1821), trad. it., Milano, 2006, § 275 ss., 471 ss., spec. 279 ss., 475 ss.; detta concezione si poneva, quindi, in aperta contraddizione con quella della sovranità popolare di derivazione francese; *Hegel*, infatti, pur lodando *Rousseau* per aver «stabilito come principio dello Stato un principio – cioè, la *volontà* – che è *pensiero*, e precisamente l'atto di *pensare*, non soltanto secondo la sua forma [...], ma anche secondo il contenuto», rimproverava allo scrittore francese di aver «colto la volontà soltanto nella forma determinata della volontà *singolare*» e di aver «inteso la volontà universale non come il Razionale in sé e per sé della volontà stessa, bensì soltanto come ciò che è *comune* e che deriverebbe da questa volontà singolare *come* da una volontà *cosciente*». «Qui» – continuava *Hegel* – «l'unione dei singoli nello Stato diviene un *contratto*, il quale ha quindi per fondamento il loro arbitrio, la loro opinione e il loro consenso esplicito, dato a piacimento; e a ciò fanno seguito le ulteriori conseguenze meramente intellettualistiche, le quali distruggono il Divino essente in sé-e-per sé e la sua assoluta autorità e maestà» (§ 258, 419 s.); sul punto si sofferma H. MICHEL, *L'idée de l'État. Essai critiquet sur l'histoire des théories sociales et politiques en France depuis la Révolution*, 3e éd., Paris, 1898, 154 ss., 155.

[14] C. F. V. GERBER, *Diritto pubblico*, trad. it., Milano, 1974, 109; è comunque appena il caso di precisare che, al di là delle peculiari rifles-

to di imperio era quello della legge e le cui determinazioni erano espresse attraverso l'organo supremo della sua volontà: il monarca[15]. Più in generale, questa peculiare concezione dello Stato governava i rapporti tra le fonti normative e le relazioni tra gli organi costituzionali.

3. *La Costituzione francese del 1875 e la concezione della legge come «regola generale». Il* Rechtsstaat *tedesco e la concezione della legge come «regola di diritto». Fonti del diritto e giudice*

In Francia, in ragione della continuità storico-giuridica con i principi della Rivoluzione, la Costituzione del 1875 attribuiva espressamente la sovranità al «popolo».

---

sioni svolte in ordine ai rapporti Stato-religione, una analoga concezione del ruolo del Monarca è già presente in G. W. F. HEGEL, *Lineamenti di filosofia*, cit., §§ 279 ss., 475 ss.; per una severa critica a tale concezione – e più in generale alla teoria dello Stato ad essa sottesa – v. K. MARX, *Critica della filosofia hegeliana del diritto pubblico*, in ID., *Scritti filosofici giovanili*, trad. it., Milano, 1996, 1 ss., 37 ss.

[15] C. F. V. GERBER, *op. cit.*, 150: «Il monarca è l'organo supremo della volontà dello Stato»; v. anche p. 149: «Già nella rappresentazione dello Stato come organismo è implicita l'idea che esso debba avere certi organi nel cui agire si realizza la volontà della sua persona. Negli Stati monarchici della Germania questi sono il Monarca e gli *Stände*»; su tale concezione scarsa dovette essere, peraltro, l'influenza che esercitò il protestantesimo, in quanto il Monarca non appare qui raffigurato come *Primus inter pares*: «Ma agli organi dello Stato non appartengono i funzionari statali; il loro diritto non è un diritto originario di manifestare la volontà dello Stato, bensì è un diritto derivato: essi sono soltanto gli ausiliari del monarca» (p. 150; ma v. anche p. 110, *sub* nt. 1). Estranea a siffatta concezione è dunque l'idea che il monarca traesse legittimazione dalla *ius divinum-Lehre*: cfr. E.-W. BÖCKENFÖRDE, *Osservazioni sul rapporto fra Stato e religione in Hegel*, in ID., *Diritto e secolarizzazione. Dallo Stato moderno all'Europa unita*, trad. it., Roma-Bari, 2007, 55 ss., 61.

Secondo *Carré de Malberg*, l'assetto dei poteri che si ricavava dal documento costituzionale muoveva dall'art. 1 della legge 25 febbraio 1875, ove si statuiva che il potere legislativo «si esercita attraverso due assemblee, la Camera dei deputati e il Senato»[16]. Questa disposizione rinviava all'art. 6 della Dichiarazione dei diritti del 1789, che accoglieva una precisa nozione di legge, definita dallo stesso *Carré de Malberg* come «regola generale», in opposizione a quella accolta dalla giuspubblicistica tedesca del II *Reich* e qualificabile come «regola di diritto». All'art. 6 della Dichiarazione si leggeva, infatti, che la legge «deve essere la stessa per tutti, ogni cittadino essendo eguale ai suoi occhi». In questo modo, la legge andava concepita come «un istituto il cui fine stesso è di fondare regole generali, essendo inteso che il contenuto della legislazione vincolerà, con una forza superiore, le amministrazioni e il giudice»[17]. Siffatta idea si ricollegava, a sua volta, alla concezione liberale dello Stato di diritto e a quella del giudice, inteso quale «bocca che pronuncia le parole della legge» (*Montesquieu*). Concezione, questa, certo estranea al *Rechtstaat* tedesco sul quale si ergeva il II *Reich* del 1871, atteso che in Germania la dottrina dello Stato di diritto tendeva a escludere «la precedenza del diritto rispetto allo Stato»[18].

---

[16] R. CARRÉ DE MALBERG, *La legge espressione della volontà generale* (1931), trad. it., Milano, 2008, 5.

[17] R. CARRÉ DE MALBERG, *La legge*, cit., 10.

[18] Così G. GOZZI, *Stato di diritto e diritti soggettivi nella storia costituzionale tedesca*, in *Lo Stato di diritto. Storia, teoria, critica*, a cura di P. Costa e D. Zolo, Milano, 2006, 260 ss., 261; ma per l'opinione contraria v. N. MACCORMICK, *Der Rechtsstaat und die rule of law*, in *JZ*, 1984, 67. Ciò, peraltro, allontana l'esperienza costituzionale tedesca anche da quella

Entro la concezione dello Stato-persona e del *Rechtsstaat* cui essa si informava si profilava, pertanto, una peculiare rappresentazione del diritto e della legge: le fonti del diritto non si sarebbero distinte tra loro qualitativamente, poiché ciascuna di esse avrebbe comunque realizzato la volontà unitaria dello Stato.

Anche la legge, pertanto, lungi dall'essere espressione della volontà generale del popolo, si configurava solo come una delle fonti del diritto contemplate dall'ordinamento della *Reichsverfassung*, il cui ambito di pertinenza restava definito unicamente «attraverso la sua materia, ossia tramite una distinzione tra materie che sono di competenza della legislazione e altre che possono essere disciplinate con decreto»[19]. Questo criterio (*ratione materiae*), volto indirettamente a disconoscere che la legge potesse liberamente e in via generale intervenire in ogni settore della vita statale, era sostenuto dal rifiuto del principio della separazione dei poteri e dall'affermazione, in sua vece, del diverso principio della loro divisione[20];

---

del *rule of law* inglese, rispetto al quale un ruolo centrale è assolto proprio dal diritto giurisprudenziale: cfr. A. DICEY, *An Introduction to the Study of the Law of the Constitution* (1885), 10th ed., London, Melbourne, Toronto e New York, 1967, 203: «*The "rule of law"* [...] *may be used as a formula for expressing the fact that with us the law of the constitution, the rules which in foreign countries naturally form part of a constitutional code, are not the source but the consequence of the rights of individuals, as defined of the courts; that, in short, the principles of private law have with us been by the action of the courts and Parliament so extended as to determine the position of the Crown and its servants; thus the constitution is the result of the ordinary law of the land*».

[19] R. CARRÉ DE MALBERG, *La legge*, cit., 16.

[20] In questa fase storica, detta idea non avrà mai modo di affermarsi compiutamente, poiché, a seguito dell'Atto confederale imposto dal Congresso di Vienna nel 1815, le Costituzioni degli Stati tedeschi della Confederazione si trovarono a dover accogliere una forma di governo

mentre in Francia, la volontà generale del popolo, che si esprimeva attraverso la legge, poggiava esattamente sull'accoglimento del principio della separazione dei poteri e sulla contestuale affermazione di una gerarchia tra gli stessi in favore dell'organo parlamentare; il quale, «concepito come rappresentante della nazione», si ergeva a effettivo sovrano[21].

Su queste basi, appare chiaro come anche l'ufficio del giudice esprimesse un ruolo completamente differente da quello assegnatogli in altri ordinamenti e primo fra tutti in quello francese coevo del 1875: se qui egli era, nonostante tutto, ancora la «bocca che pronuncia le parole della legge», ossia il mero esecutore della volontà sovrana

---

monarchico-costituzionale, limitando con ciò la partecipazione del Parlamento (e dunque la competenza della legge) alla disciplina di casi espressamente individuati: ad es., per tutte le leggi relative alla libertà e alla proprietà (cfr. in proposito R. CARRÉ DE MALBERG, *La legge*, cit., 13). La nascita dello Stato nazionale nel 1871 non avrebbe modificato sensibilmente questo stato di cose: in linea con la concezione federale "duale" dello Stato, si sarebbe consentito, infatti, che gli Stati membri conservassero l'assetto della forma di governo accolto per l'innanzi nelle relative Costituzioni, e si sarebbe trasposta sul piano statale l'idea che il *Reichstag*, lungi dal costituire la sede esclusiva o privilegiata di produzione del diritto, partecipasse, alle condizioni e nei limiti stabiliti dalla *Reichsverfassung*, alla vita giuridica dello Stato. Tutto questo avrebbe ulteriormente indotto la giuspubblicistica a elaborare categorie peculiari in relazione al ruolo della legge (con la nota distinzione tra «legge formale» e «legge materiale»: v. ancora R. CARRÉ DE MALBERG, *op. cit.*, 19 ss.) o anche in riferimento al principio di legalità, rispetto ai quali la problematica dell'istituto della riserva di legge sarebbe risultata secondaria o comunque esprimente una funzione differente da quella assolta in Francia o in Italia. Per ulteriori ragguagli sul punto sia consentito il rinvio a E. DI SALVATORE, *Appunti per uno studio sulla libertà nella tradizione costituzionale europea*, in AA.Vv., *Itinerari giuridici. Per il quarantennale della Facoltà di Giurisprudenza dell'Abruzzo*, Milano, 2007, 335 ss., 363 ss.

[21] R. CARRÉ DE MALBERG, *La legge*, cit., 31.

dei rappresentanti del popolo, nella Germania guglielmina la sua funzione risultava strumentalmente preordinata alla tenuta dello Stato-persona e, proprio per questo, informata al principio di legalità nella sua accezione più lata. Egli non era, dunque, l'esecutore della legge, ma colui che doveva giudicare intorno al rapporto che riconduceva l'azione amministrativa alla volontà espressa dal diritto dello Stato. E sebbene anche qui, come in Francia, egli non fosse chiamato a esercitare un'attività creatrice del diritto, ciò era solo conseguenza del ruolo fortemente burocratizzato che l'ordinamento gli affidava: quello di amministrare il diritto al fine di contribuire alla *Rechtseinheit* dello Stato[22]. Presto anche questa esigenza si sarebbe compiutamente realizzata con l'adozione delle *Reichsjustizgesetze*[23] e attraverso la grande stagione di codificazione del diritto[24].

4. *Democrazia, pluralismo e* Richterrecht *nella vigenza della forma di Stato della Repubblica di* Weimar

Non è agevole comprendere quale sia stato l'atteggiamento serbato dalla magistratura e il ruolo che il diritto giurisprudenziale ha svolto durante la vigenza della Costituzione di *Weimar* del 1919 se si prescinde dalle condizioni storiche che a essa diedero vita e dagli accadimenti successivi, che nel volgere di pochi anni segna-

---

[22] H. BLUM, *Das Deutsche Reich zur Zeit Bismarcks*, Leipzig e Wien, 1893, 139 ss.; K. STERN, *Das Staatsrecht*, cit., V, 417.

[23] V. in proposito K. STERN, *Das Staatsrecht*, cit., V, 418.

[24] Cfr. ancora K. STERN, *Das Staatsrecht*, cit., V, 448 s.

rono la capitolazione della Repubblica.

Eretto sulle ceneri del vecchio Impero, il nuovo Stato tedesco del 1918-19 pose a base del suo edificio una necessità puramente pratica: la democrazia. In questo senso operò il genio di *Hugo Preuss*, che, incaricato da *Ebert* di redigere una nuova Costituzione[25], finì, suo malgrado, per trasfondere in essa un programma di trasformazione dell'ordine sociale[26]. Alla legislazione sociale varata nell'ultimo ventennio del secolo XIX subentrava ora un disegno costituzionale complessivo che avrebbe dovuto rendere possibile l'integrazione delle forze vive della società civile entro lo Stato. In questo non vi era nulla di teorico: il rifiuto dei principi del liberalismo trascinava con sé anche il ripudio della democrazia formale[27], così come il mancato accoglimento di una dottrina dei valori che fosse universalmente condivisa[28].

Il contenuto fondamentale della Costituzione rispecchiava, infatti, l'accordo dei partiti e dei sindacati che avevano vinto la rivoluzione: al popolo intero spettava la

---

[25] A tal riguardo v. W. APELT, *Geschichte der Weimarer Verfassung*, 2. Aufl., München-Berlin, 1964, 56 ss.; con dovizia di particolari K. STERN, *Das Staatsrecht*, cit., V, 541 ss.; v. inoltre i cenni che vi dedicano E. EYCK, *Geschichte der Weimarer Republik. Vom Zusammenbruch des Kaisertums bis zur Wahl Hindenburgs*, I, Erlenbach, Zürich e Stuttgart, 1957, 93 ss.; F. LANCHESTER, *Alle origini di Weimar. Il dibattito costituzionalistico tedesco tra il 1900 e il 1918*, Milano, 1985, 202 ss.

[26] Cfr. E. TROELTSCH, *La democrazia improvvisata. La Germania dal 1918 al 1922*, trad. it., Napoli, 1977, 33 s., 265 ss., 269 s.; F. NEUMANN, *Behemoth. Struttura e pratica del nazionalsocialismo*, trad. it., Milano, 2000, 13.

[27] E. TROELTSCH, *La democrazia*, cit., 270.

[28] F. NEUMANN, *Behemoth*, cit., 13.

sovranità[29] e i deputati, eletti «secondo i principi generali della rappresentanza proporzionale», rappresentavano tutto il popolo[30]; il Governo del *Reich* doveva ottenere la fiducia del *Reichstag*[31], mentre al Presidente della Repubblica, eletto dai cittadini tedeschi[32], venivano affidati considerevoli poteri soprattutto in relazione al procedimento legislativo[33] e con riguardo all'ipotesi in cui si fossero messi a repentaglio l'ordine pubblico o la sicurezza dello Stato[34].

Non lotta di classe, dunque, ma «collaborazione tra le classi»: un tentativo di ricomposizione degli interessi antagonistici entro «una struttura politica pluralistica, nascosta sotto la forma della democrazia parlamentare»[35]; la stessa che avrebbe portato *Rudolf Smend* a elaborare una dottrina dell'integrazione[36] e *Carl Schmitt* a denunciare i rischi di un sistema che, legalizzando la lotta degli uni contro gli altri, si avviava a dissolvere l'unità politica dello Stato[37] e a consegnare lo scettro della sovranità al decisore nello stato d'eccezione[38].

---

[29] Art. 1.

[30] Artt. 21 e 22.

[31] Art. 54.

[32] Art. 41.

[33] Art. 73.

[34] Art. 48.

[35] F. NEUMANN, *Behemoth*, cit., 14.

[36] R. SMEND, *Costituzione e diritto costituzionale* (1928), trad. it., Milano, 1988.

[37] C. SCHMITT, *Etica dello Stato e Stato pluralista*, in ID., *Parlamentarismo e democrazia* (1923), trad. it., Lungro di Cosenza, 1999, 120 ss.

[38] C. SCHMITT, *Teologia politica: quattro capitoli sulla dottrina della sovranità* (1922), in ID., *Le categorie del 'politico'*, trad. it., Bologna, 1998, 27 ss., 29.

In questo contesto, anche l'attività del giudice tese a profilarsi con caratteri del tutto peculiari, non essendovi coincidenza alcuna tra il dato costituzionale e quello che la prassi avrebbe, invece, registrato fino alla svolta totalitaria del 1933[39].

Il Capo VII della Costituzione era espressamente intitolato al «potere giurisdizionale»[40]. In esso si statuiva che i giudici fossero indipendenti e soggetti solo alla legge[41], che la giurisdizione ordinaria si esercitasse per mezzo dei Tribunali del *Reich* e di quelli dei *Länder*[42], che i giudici della giurisdizione ordinaria fossero nominati a vita, senza poter essere rimossi o sospesi dal loro ufficio[43]. Era fatto divieto, inoltre, di istituire Tribunali eccezionali e di sottrarre il cittadino al suo giudice naturale[44], e si prescriveva la costituzione con legge di Tribunali amministrativi del *Reich* e dei *Länder*, al fine di accordare ai singoli protezione contro le ordinanze e i provvedimenti delle autorità amministrative[45]. Si prevedeva, infine, l'istituzione di un Tribunale costituzionale per il *Reich*[46].

---

[39] Cfr. CHR. GUSY, *Weimar – die wehrlose Republik?*, Tübingen, 1991, 309 ss.; ID., *Die Weimarer Reichsverfassung*, Tübingen, 1997, 194 ss.

[40] Per una disamina delle disposizioni in esso racchiuse v. L. WITTMAYER, *Die Weimarer Reichsverfassung*, Tübingen, 1922, 90 ss.; E. R. HUBER, *Deutsche Verfassungsgeschichte seit 1789. Die Weimarer Reichsverfassung*, 6, Stuttgart, Berlin, Köln e Mainz, 1981, 525 ss., 529 ss.; v. anche W. APELT, *Geschichte der Weimarer Verfassung*, cit., 281 ss.; K. STERN, *Das Staatsrecht*, cit., V, 621 ss.

[41] Art. 102.

[42] Art. 103.

[43] Art. 104.

[44] Art. 105.

[45] Art. 107.

[46] Art. 108; cfr. la legge sullo *Staatsgerichtshof* del 9 luglio 1921 (in *RGBl.*, I, 905 ss.).

Queste previsioni si ponevano formalmente in linea di discontinuità con l'esperienza costituzionale pregressa, in quanto, sebbene la funzione giurisdizionale non fosse espressamente contemplata dalla Costituzione del 1871 e nonostante la successiva Legislazione del *Reich* avesse finito comunque per disciplinare l'esercizio della funzione stessa, la Costituzione del 1919 si proponeva di assegnare al giudice un ruolo maggiormente aderente all'idea democratica, che attraversava, come un filo rosso, l'intero impianto costituzionale. Il giudice, in altri termini, non era qui chiamato ad assolvere a una funzione burocratica e solo strumentale alla costruzione dell'unità dello Stato. Egli, entro la differente unità *nazionale* e *federale* della Repubblica, avrebbe dovuto tutelare i diritti civili e sociali dei cittadini tedeschi[47].

Alla discontinuità voluta formalmente dalla Costituzione repubblicana non corrispose, però, una pari discontinuità nell'organizzazione della giustizia, atteso che la maggior parte degli uffici e del personale era ancora quella del II *Reich*, ossia quella a suo tempo individuata «*nach den personalpolitischen Kriterien der Monarchie*»[48]. Ciò fece della magistratura una classe conservatrice, che, in

---

[47] Questa lettura è seguita, tra gli altri, da L. WITTMAYER, *Die Weimarer*, cit., 90 ss., spec. 94 s., 101 s.

[48] CHR. GUSY, *Die Weimarer*, cit., 200. Nonostante la questione della riforma della giustizia fosse stata al centro del dibattito pubblico durante tutta la vita della Repubblica, essa non trovò mai realizzazione se non attraverso sporadici e contenuti interventi legislativi, in ragione delle condizioni finanziarie e politiche che rendevano di fatto impossibile un ripensamento complessivo del settore: cfr. ancora CHR. GUSY, *Weimar – die wehrlose*, cit., 311 s., ed ivi indicazioni sulla c.d. "*Emmingerschen Justizreform*" del 4 gennaio 1924.

molti casi, giunse a interpretare il diritto preesistente come non solo «valido», ma persino in sé «giusto»[49], in ragione del fatto che la legge del *Reich*, per il differente tipo di rappresentanza espresso nei due rami del Parlamento[50], corrispondesse maggiormente alle esigenze di carattere sociale dei cittadini della Repubblica[51]. Per tale via, la giurisprudenza non trasse sovente la conclusione che il diritto preesistente fosse da intendere necessariamente abrogato. Al contrario, ergendosi a paladina di un sentimento giuridico del *Volk* nient'affatto tramontato, procedette non di rado a una valutazione di legittimità dei contenuti della nuova legge alla luce dell'«*überpositiven Rechts oder der Gerechtigkeit*» oltreché della Costituzione repubblicana[52].

Nel volgere di pochi anni il Parlamento divenne definitivamente vacillante. Il sistema pluralistico sul quale esso si ergeva fu irrimediabilmente compromesso dalla lotta che sul terreno politico imperversò tra i maggiori partiti del tempo, e, segnatamente, tra il partito socialdemocratico, il partito comunista, il centro cattolico e il partito del popolo tedesco.

All'indebolimento del *Reichstag*, favorito in special modo da un sistema elettorale proporzionale che non consentiva di conseguire maggioranze stabili[53], corrispose un rafforzamento del ruolo dell'esecutivo, del Presidente

---

[49] CHR. GUSY, *Weimar – die wehrlose*, cit., 314.

[50] Sul punto sia consentito il rinvio a E. DI SALVATORE, *Il Bundesrat tedesco nell'evoluzione dello Stato federale*, in AA. VV., *Un Senato per l'Italia federale*, Napoli, 2003, 159 ss. [in questo *volume* 11 ss.]

[51] CHR. GUSY, *Weimar – die wehrlose*, cit., 315.

[52] CHR. GUSY, *Weimar – die wehrlose*, cit., 316.

[53] Cfr. ancora F. LANCHESTER, *Alle origini*, cit., 227.

della Repubblica e della *Reichswehr*: sin dal 1919, il Parlamento accordò al Governo ampie deleghe circa l'adozione di misure che fossero «opportune e urgenti in campo finanziario, economico e sociale», mentre il potere di controllo del bilancio, che gli artt. 85, 86 e 87 della Costituzione e il *Reichshaushaltsordnung* del 1922 riservavano al *Reichstag*, venne presto trasferito al *Rechnungshof für das Deutsche Reich*[54]; il Presidente della Repubblica, dal canto suo, fece largo uso dei poteri di emergenza che la *Reichsverfassung* gli attribuiva *ex* art. 48, comma 2[55]. Ben-

---

[54] F. NEUMANN, *Behemoth*, cit., 32.

[55] Art. 48, comma 2, WRV: «Il Presidente può prendere le misure necessarie al ristabilimento dell'ordine e della sicurezza pubblica, quando essi siano turbati o minacciati in modo rilevante, e, se necessario, intervenire con la forza armata. A tale scopo può sospendere in tutto o in parte la efficacia dei diritti fondamentali stabiliti dagli articoli 114, 115, 117, 118, 123, 124 e 153» (cfr. anche quanto prevedeva l'art. 68 della *Reichsverfassung* del 1871); al comma 4 dell'art. 48 si sanciva, invece: «nel caso di urgente necessità, il Governo di un *Land* può adottare nel proprio territorio le misure provvisorie indicate nel secondo comma. Esse vanno revocate se lo richiedono il Presidente del *Reich* o il *Reichstag*»; tra il 10 ottobre del 1919 e il 31 febbraio del 1933 vennero adottati 254 provvedimenti d'urgenza (*Notverordnungen*): sul punto, ed anche in riferimento alle questioni interpretative che il suddetto articolo pose, cfr. CHR. GUSY, *Weimar – die wehrlose*, cit., 50 ss.; ID., *Die Weimarer*, cit., 107 ss.; copiosa al riguardo la letteratura: v., tra gli altri, almeno R. GRAU, *Die Diktaturgewalt des Reichspräsidenten und der Landesregierungen auf Grund des Art. 48 der Reichsverfassung*, Berlin, 1922; K. SCHULTES, *Die Jurisprudenz zur Diktatur des Reichspräsidenten nach Art. 48 Abs. II der Weimarer Verfassung*, Bonn, 1934; R. HAUGG, *Die Anwendung des Art. 48 WRV*, Würzburg, 1975; E. R. HUBER, *Deutsche Verfassungsgeschichte*, cit., 444 ss.; v. anche C. SCHMITT, *Il custode della Costituzione* (1931), trad. it., Milano, 1981, 179 ss.; ID., *La dittatura. Dalle origini dell'idea moderna di sovranità alla lotta di classe proletaria*, trad. it., Bari, 1975, 141 ss., cui si deve la distinzione tra dittatura «commissaria» (contemplata dall'art. 48) e dittatura «sovrana» (dal medesimo articolo esclusa) (ma v. anche *infra*, *sub* § 5); ID., *Die staatsrechtliche Bedeutung der Notverordnung, insbesondere ihre Rechtsgul-*

ché fosse espressamente previsto che di tutte le misure adottate si desse notizia al *Reichstag* e che le stesse dovessero essere revocate qualora il *Reichstag* lo avesse richiesto, il Parlamento rimase di fatto inerte rispetto ai provvedimenti varati[56], non solo per l'impossibilità di ottenere una maggioranza che votasse la loro revoca, ma anche al fine di non sconvolgere «il flusso della vita economica»

---

tigkeit (1931), in *Verfassungsrechtliche Aufsätze* (1958), Berlin, 1973, 235 ss., ed ivi considerazioni sul problema della sindacabilità dei provvedimenti adottati slla base dell'art. 48, comma 2, WRV: «*Eine weitere Folgerung ergibt sich für die Ausübung des richterlichen Prüfungsrecht. Auf die Frage, wieweit dieses gegenüber den Maßnahmen und Verordnungen des Art. 48 Abs. 2 angewandt warden darf, soll hier nicht eingegangen warden. Ich begnüge mich damit, festzustellen, daß nach der herrschenden Auffassung eine Nachprüfung der Zweckmässigkeit und Notwendigkeit der Maßnahmen nicht zulässig ist, wohl aber der Richter die Übereinstimmung mit verfassungsgesetzlichen Bestimmung prüft*»; ID., *Legalität und Legimität* (1932), ivi, 263 ss., 319 ss.

[56] Il *Reichstag*, infatti, intervenne sulle misure adottate solo sporadicamente (cfr. K. STERN, *Das Staatsrecht*, cit., V, 605 ed anche 677 s.; ulteriori indicazioni in R. HAUGG, *Die Anwendung*, cit., 114 ss.); il 16 luglio 1930 la mancata approvazione del disegno di legge finanziaria in seno al *Reichstag* (256 voti contrari e 193 voti favorevoli) causò l'immediato ricorso all'art. 48 WRV da parte del *Reichspräsident*; il 18 luglio successivo il *Reichstag* si espresse, tuttavia, negativamente sulle due *Notverordnungen*, costringendo, in tal modo, il Presidente a revocare le misure varate. Contestualmente, però, sulla base di quanto previsto dall'art. 25 WRV, egli dispose lo scioglimento del *Reichstag* e l'indizione di nuove elezioni generali per il 14 settembre, sul presupposto che il consenso parlamentare «*nach dem Ergebnis der in letzten Monaten stattgehabten Wahlen zu den Landtagen der deutschen Länder dem politischen Willen des deutschen Volkes nicht mehr entspricht*» (il decreto di scioglimento del *Reichstag* è pubblicato in E. R. HUBER, *Dokumente zur deutschen Verfassungsgeschichte. Deutsche Verfassungsdokumente 1918-1933*, 4, 3. Aufl., Stuttgart, Berlin e Köln, 1992, 186; sulla vicenda sinteticamente D.G. WILLIAMSON, *Il Terzo Reich*, trad. it., Bologna, 2005, 25; K.D. ERDMANN, *Die Weimarer Republik* (1973), München, 1980, 280 s.

incisa profondamente dagli atti presidenziali[57]; la *Reichswehr*, invece, pur essendo ormai ridotta a 100.000 unità in ragione delle pesanti condizioni militari imposte dal Trattato di *Versailles*[58], si riorganizzò clandestinamente, divenendo «la roccaforte del conservatorismo e del nazionalismo»[59].

Su queste basi è facile comprendere come anche la magistratura riuscisse a ritagliarsi un proprio spazio di azione, travalicando il più contenuto ruolo che la Costituzione formale espressamente le assegnava. Durante tutta la durata della Repubblica essa si fece parte attiva del gioco politico, colmando strumentalmente il vuoto provocato dall'inattività del Parlamento ed ergendosi spesso a potere controrivoluzionario e antidemocratico[60].

Sintomatica, al riguardo, è la nascita di due differenti associazioni di carattere politico: la prima, denominata *Republikanische Richterbund*, contava circa 800 membri e si proponeva di contribuire alla realizzazione di un ordine giudiziario che fosse effettivamente libero e indipendente e che giudicasse nel rispetto della Costituzione formale[61]. La seconda, invece, denominata *Deutsche Richterbund*, si componeva di circa 12.000 membri e riteneva, tra l'altro,

---

[57] F. NEUMANN, *Behemoth*, op. loc. cit.

[58] Cfr. K. STERN, *Das Staatsrecht*, cit., V, 539.

[59] Cfr. ancora F. NEUMANN, *Behemoth*, cit., 34; W. LAQUER, *La Repubblica di Weimar. 1918-1933: i mali oscuri della democrazia europea* (1974), trad. it., Milano, 1996, 25 s.: «la Reichswehr rimase, come era, il potere nell'ombra, il grande punto interrogativo politico durante questi anni irti di pericoli, disposta a tollerare la repubblica ma assai riluttante a difenderla contro i nemici interni».

[60] F. NEUMANN, *Behemoth*, cit., 25: «Al centro della controrivoluzione stava la magistratura».

[61] CHR. GUSY, *Weimar – die wehrlose*, cit., 320 s.

che compito del giudice fosse di giudicare in conformità alla giustizia "materiale", e cioè prescindendo dal tenore letterale della Costituzione e dalla forma di Stato formalmente istituita[62].

Questa inclinazione conservatrice, attestata dal considerevole numero degli iscritti alla *Deutsche Reichterbund*, ebbe modo di trovare espressione in numerose sentenze, che, richiamandosi alla necessità di combattere il nemico dello Stato e di tutelare l'ordine costituito, finirono per rovesciare il ruolo di esecutore della legge disegnato per il giudice dalla Costituzione di *Weimar*[63].

---

[62] CHR. GUSY, *Weimar – die wehrlose*, cit., 321 s.: «*So erklärte der Vorstand des Deutschen Richterbundes im Jahre 1923, die Richter sähen es als ihre pflicht an, nur nach Recht und Gerechtigkeit zu urteilen. „Für die Fällung ihrer Entscheidung spielt auch keine Rolle, in welcher Form der Staat regiert wird*».

[63] Cfr. anche K. STERN, *Das Staatsrecht*, cit., V, 703, il quale, a proposito del ruolo politico esercitato dal giudice, scrive: «*Aber nicht nur richterliche Aktivität, sondern auch richterliche Passivität, wie bei der Nachprüfung von Notverornungen und hinsichtlich der Zurückhaltung des Reichsstaatsgerichtshofes bei der Entfaltung der Grundrechte, kennzeichnen diese Epoche*»; in dottrina si è opportunamente posto in luce questa tendenza, evidenziandosi la disparità di trattamento effettuata dai Tribunali tra reati commessi da estremisti di sinistra e reati commessi da estremisti di destra: solo per fare un esempio, nel caso del fallito colpo di Stato della Repubblica sovietica bavarese (1919) furono eseguite 407 condanne all'internamento forzato, 1737 condanne al carcere e 65 condanne ai lavori forzati; nel caso del *Putsch* di *Kapp* (1920), invece, nonostante le imputazioni per alto tradimento ammontassero a ben 705, non venne punito alcun imputato: cfr. F. NEUMANN, *Behemoth*, cit., 26 ss., ove, sulla base dei dati pubblicati da E. J. GUMBEL, *Vier Jahre politische Morder*, Berlin, 1922, 73 ss., si riferisce che dal 1919 al 1922 i «gruppi di sinistra» commisero 22 reati di omicidio, mentre quelli di destra 354. In questo secondo caso, ben 326 non vennero espiati.

5. *Giudici* e Richterrecht *tra teoria e prassi del nazionalsocialismo*

L'orientamento antidemocratico e conservatore serbato dalla magistratura nel vigore della Repubblica di *Weimar* divenne manifestamente scoperto dopo il 1933. A partire da questo momento l'idea che la giustizia dovesse essere dispensata di volta in volta secondo il caso singolo trovava un suo preciso radicamento nel diritto positivo e, cioè, nel decreto d'emergenza del 28 febbraio 1933, adottato sulla base dell'art. 48, comma 2, WRV, volto a «impedire atti di violenza comunisti diretti a mettere in pericolo lo Stato»[64]. Sulla base di questo provvedimento *Hindenburg* proclamava lo Stato d'assedio e trasformava, con ciò, la dittatura «commissaria» in dittatura «sovrana»[65]. Una trasformazione in questo senso era attestata dal fatto che il § I del decreto sospendeva *sine die* l'efficacia degli artt. 114, 115, 116, 117, 118, 123, 124 e 153 della Costituzione ovvero dei diritti fondamentali ivi garantiti[66]. Poiché l'atto non sarebbe stato revocato fino alla caduta del III *Reich*[67], appare ragionevole supporre che in tal modo si disponesse una sostanziale abrogazione dei dirit-

---

[64] E. FRAENKEL, *Il doppio Stato. Contributo alla teoria della dittatura* (1941), trad. it., Torino, 1983, 21 ss.

[65] V. anche *infra*, *sub* nota 55.

[66] «*Die Artikel 114, 115, 117, 118, 123, 124 und 153 der Verfassung des Deutschen Reichs werden bis auf weiteres außer Kraft gesetzt. Es sind daher Beschränkungen der persönlichen Freiheit, des Rechts der freien Meinungsäußerung, einschließlich der Pressefreiheit, des Vereins- und Versammlungsrechts, Eingriffe in das Brief-, Post-, Telegraphen- und Fernsprechgeheimnis, Anordnungen von Haussuchungen und von Beschlagnahmen sowie Beschränkungen des Eigentums auch außerhalb der sonst hierfür bestimmten gesetzlichen Grenzen zulässig*».

[67] Cfr. K. STERN, *op. cit.*, V, 774.

ti medesimi. È questa la ragione per cui parte della dottrina ha sostenuto che «la Costituzione del Terzo Reich è lo Stato d'assedio. La sua carta costituzionale è il decreto d'emergenza per la difesa del popolo e dello Stato del 28 febbraio 1933»[68]. Una conclusione di questo tipo avrebbe anche dovuto sgravare il Presidente *Hindenburg* dall' onere di precisare che per il futuro le leggi del *Reich* potessero essere approvate dal Governo al di fuori delle procedure previste dalla Costituzione del 1919 o che le prerogative di taluni organi costituzionali dovessero essere preservate, in quanto la legittimità della legge sui pieni poteri che quelle disposizioni sanciva (24 marzo 1933)[69] andava valutata unicamente alla luce del decreto d'emergenza e non già sulla base della Costituzione repubblicana. Tanto più che un'autorevole dottrina ammetteva che il nuovo diritto costituzionale del III *Reich* avesse «lasciato dietro di sé tutta la problematica delle autorizzazioni legislative che discende dal concetto di legge che divide i poteri»[70].

---

[68] E. FRAENKEL, *Il doppio Stato*, cit., 21; ma v. anche F. NEUMANN, *Behemoth*, cit., 60 ss., 62 s., per il quale questo effetto è riconducibile alla legge sui pieni poteri del 24 marzo 1933.

[69] La versione italiana del testo legislativo può essere letto in F. LANCHESTER, *Le Costituzioni tedesche da Francoforte a Bonn. Introduzione e testi*, Milano, 2002, 231 s.

[70] C. SCHMITT, *Sguardo comparativo sulla più recente evoluzione del problema dei pieni poteri legislativi: "delegazioni legislative"* (1936), in ID., *Posizioni e concetti. In lotta con Weimar-Ginevra-Versailles 1923-1939*, trad. it., Milano, 2007, 353 ss., 374 s., il quale così prosegue: «La legge del Reich per la rimozione della necessità del popolo e del Reich del 24 marzo 1933 dà al governo del Reich il potere di emanare leggi, e precisamente anche leggi in senso formale. Con ciò è fatto il passo decisivo all'abolizione della separazione di legislativo ed esecutivo. Visto dai concetti del diritto costituzionale di Weimar, ciò era ancora un'«autorizzazione» legisla-

A far data dal 28 marzo 1933 l'attività legislativa del *Reich* si sarebbe, infatti, concentrata nelle mani dell'Esecutivo, in quanto, sebbene la legge sui pieni poteri tutelasse formalmente la posizione del *Reichstag*, del *Reichsrat* e del Presidente della Repubblica, il Consiglio federale venne presto soppresso (30 gennaio 1934)[71] e le funzioni del Presidente assunte dal Cancelliere dopo la morte di *Hindenburg* (1° agosto 1934)[72]. Quanto al *Reichstag*, esso venne sostanzialmente svuotato della rappresentanza multipartitica[73], mentre la legge sulle *Volksabstimmungen* del 14 luglio 1933 accordò demagogicamente al Governo il potere di sottoporre a votazione popolare i provvedimenti governativi o le delibere legislative approvate in seno al Parlamento[74].

---

tiva, una cosiddetta legge di autorizzazione modificativa della costituzione, più esattamente abolitiva della costituzione. Ma al tempo stesso la leva legale, con la quale poteva essere scardinato il sistema costituzionale che si era avuto finora e soprattutto il suo concetto di legge che divide i poteri e poteva essere raggiunto il terreno di un nuovo concetto di legge»; sulla problematica delle c.d. *"Ermächtigungsgesetze"*, nonché sulla prassi relativa alla loro adozione, v. per tutti E. R. HUBER, *op. cit.*, 437 ss.

[71] V. in proposito E. DI SALVATORE, *Il* Bundesrat *tedesco nell'evoluzione dello Stato federale*, cit., 172 s. [in questo *volume*, 32 s.].

[72] F. NEUMANN, *Behemoth*, cit., 63.

[73] Sul punto sinteticamente H. BOLDT, *Deutsche Verfassungsgeschichte. Politische Strukturen und ihr Wandel. Von 1806 bis zur Gegenwart*, 2, 2. Aufl., München, 1990, 271.

[74] K. STERN, *op. cit.*, V, 790 s.; i provvedimenti varati nel giro di una manciata di anni provano come alla costruzione del nuovo *Reich* fosse estranea la teoria statica della separazione tra Stato e società civile, così come l'idea che lo Stato incarnasse un fine supremo da realizzare (cfr. F. NEUMANN, *Behemoth*, cit., 75). Secondo *Carl Schmitt* la struttura politica del III *Reich* si componeva di tre elementi: lo Stato, il Movimento e il Popolo. Benché detti elementi fossero tra loro strettamente connessi,

In tal modo, molte controversie legali che si posero vennero risolte dai Tribunali del *Reich* ricorrendo al decreto d'emergenza del 1933 e non anche alla Costituzione repubblicana. Questo richiamo sistematico, tuttavia, non venne sempre giustificato in maniera cristallina. Se per taluni giudici, infatti, l'entrata in vigore del decreto aveva per certo determinato l'abolizione della Costituzione[75], per altri le previsioni costituzionali del 1919 restavano ancora sullo sfondo. Una delle questioni che si affacciò fu per esempio quella relativa alla possibilità che

---

quello dinamico, espresso dal Movimento, si innalzava gerarchicamente tanto sullo Stato quanto sul Popolo: in questa prospettiva non era lo Stato che avrebbe dovuto guidare l'elemento politico, ma era l'elemento politico che, attraverso il Partito, avrebbe dovuto guidare lo Stato. Questa concezione, invero, sarebbe stata assunta dai nazionalsocialisti solo in parte, in quanto al centro della costruzione dello Stato essi ritennero di dover collocare sia il Partito sia il Popolo. Ma una collocazione siffatta, secondo l'opinione di F. NEUMANN, *Behemoth*, cit., 74 s., non era certo priva di ambiguità. Come ha osservato l'illustre studioso, qualora il pronunciamento del Popolo fosse stato di segno contrario a quanto sperato dall'Esecutivo, il *Führer* avrebbe, infatti, potuto comunque disattendere il risultato conseguito, essendo egli pur sempre «il rappresentante della missione oggettiva del Popolo» (così E. R. HUBER, *Die Totalität des völkischen Staates*, in *Die Tat*, 1934, 97, cit. da F. NEUMANN, *op. cit.*, 64). La stessa ambiguità, inoltre, avrebbe investito anche la relazione che lo Stato intratteneva con il NSDAP, atteso che, nonostante una legge del 1933 dichiarasse che esso, in quanto «depositario dell'idea tedesca dello Stato», fosse «indissolubilmente unito allo Stato», nella prassi giunse ad occupare una posizione a questo gerarchicamente sovraordinata (p. 78); cfr. in proposito anche D.G. WILLIAMSON, *op. cit.*, 61 s., nonché la giurisprudenza citata da E. FRAENKEL, *op. cit.*, 55 ss.; D. MAJER, *Die ideologische Grundlagen des nationalsozialistischen Rechtsdenkens dargestellt am Beispiel der NSDAP (Justiz und NSDAP)*, in *Justiz und Drittes Reich*, a cura di D. Albrecht e H. Clausen, Sankelmark, 1984, 43 ss.

[75] Tribunale speciale di *Hamburg*, sent. 15 marzo 1935 (cit. da E. FRAENKEL, *Il doppio Stato*, cit., 32).

la sospensione dei diritti fondamentali di cui all'art. 48, comma 2, WRV potesse estendersi a fattispecie da questo non espressamente considerate. Il problema si pose, per esempio, a proposito del divieto per i testimoni di Geova di costituirsi in associazione religiosa. Sebbene il Tribunale speciale di *Darmstadt* avesse riconosciuto che, sulla base di quanto previsto all'art. 137 WRV[76], il diritto in questione non soffrisse di alcuna limitazione[77], il Tribunale del *Land* di *Dresden* affermò che il provvedimento con il quale si disponeva lo scioglimento dell'associazione fosse pienamente legittimo, essendo in facoltà del Governo «effettuare innovazioni costituzionali mediante ordinanze amministrative e provvedimenti di ogni genere»[78]. In una ulteriore pronuncia si ritenne, ancora, che il ricorso al diritto di cui all'art. 137 scontasse la previa verifica della conciliabilità dell'esercizio dello stesso ai fini dell'ordinamento statale[79].

Questo orientamento giurisprudenziale si fece successivamente meno ambiguo, in quanto si affermò presto l'idea che il perseguimento dei fini del decreto non necessitasse di alcuna base legale che non fosse quella offerta dal provvedimento d'emergenza. Alcune delle pronunce che furono adottate dopo il 1935 presupposero,

---

[76] Art. 137 WRV: «La libertà di associazione religiosa è garantita. L'unione di comunità religiose nel territorio del Reich non è soggetta ad alcuna limitazione».

[77] Tribunale speciale di *Darmstadt*, sent. 26 marzo 1934 (cit. da E. FRAENKEL, *op. cit.*, 35).

[78] Tribunale del *Land* di *Dresden*, sent. 18 marzo 1935 (cit. da E. FRAENKEL, *op. loc. cit.*).

[79] Tribunale del *Reich*, sent. 24 settembre 1935 (cit. da E. FRAENKEL, *op. cit.*, 36).

infatti, che il fondamento e i limiti dell'intera azione statale riposassero esclusivamente sul provvedimento del 1933[80]. Sennonché anche questa più contenuta tendenza divenne velocemente recessiva poiché, per legittimare l'applicazione diffusa e incondizionata del decreto, la maggior parte dei giudici si richiamò alla dottrina della lotta "indiretta" al comunismo.

E infatti, a dispetto di quanto il Preambolo del decreto espressamente dichiarava, essi ritennero che il fine del provvedimento andasse interpretato in modo estensivo ovvero ammettendo che il suo obiettivo ultimo fosse l'eliminazione di tutti i conflitti sociali interni allo Stato[81].

In questo modo, come ebbe a sottolineare il Tribunale amministrativo del *Land* del *Württemberg* in una sentenza del 9 settembre del 1936, il decreto non costituiva solo uno strumento di «tutela dello Stato contro la minaccia comunista, bensì [uno strumento di tutela] contro ogni pericolo concernente la sua esistenza, la sicurezza e l'ordine pubblico, da qualunque parte esso possa veni-

---

[80] E. FRAENKEL, *op. cit.*, 36 s.
[81] E. FRAENKEL, *op. cit.*, 38; nella pronuncia del 12 agosto 1935 ivi richiamata la Sezione penale del Tribunale camerale disapprovava «l'ostentazione delle differenze confessionali» e affermava: «Questa forma di ostentazione di una frattura porta già in sé il germe di una lacerazione del popolo tedesco, ed ogni siffatta lacerazione si presta per parte sua a favorire gli sforzi comunisti e ad appoggiare i loro fini»; in essa, inoltre, si precisava che «la pubblica espressione di un'opinione privata può fin troppo facilmente costituire un incitamento per quelle persone che aderiscono al comunismo o per quelle che, forse ancora in quel momento politicamente indecise, propendono verso di esso, inducendole a formare e a propagandare l'opinione che lo Stato nazionalsocialista non è veramente sostenuto dal popolo».

re»[82].

È chiaro che il perseguimento di un obiettivo politico così lato difficilmente avrebbe potuto continuare a conciliarsi con un'attività giurisdizionale volta a sindacare la legittimità delle misure adottate. Se in una pronuncia del 1935 l'Alta Corte amministrativa prussiana aveva ancora modo di sostenere che, sebbene i provvedimenti varati attenessero alla sfera della «polizia politica», l'interessato non potesse essere privato del suo diritto al ricorso, in sentenze successive si affermò la tendenza a escludere tutti quei ricorsi che fossero proposti avverso atti propriamente «politici». E una qualificazione di questo tipo finì per consegnare lo «Stato normativo» nelle mani di quello «discrezionale», in quanto, fondandosi consapevolmente o inconsapevolmente sul presupposto che l'atto politico, per definizione, dovesse soggiacere a un controllo di opportunità e non anche di legalità, rese inutile persino ogni tentativo di chiarimento in sede giurisprudenziale dei suoi caratteri più *tipici*[83]. Per questa ragione la questione della validità degli atti del potere pubblico non restò confinata unicamente al piano del diritto amministrativo – come pure inizialmente accadde quando si ritenne l'ammissibilità dei ricorsi presentati contro gli atti della polizia ordinaria e l'inammissibilità di quelli proposti avverso ogni provvedimento della *Gestapo*[84] –,

---

[82] E. FRAENKEL, *op. cit.*, 40.

[83] E. FRAENKEL, *op. cit.*, 59 ss.

[84] Cfr. però E. FRAENKEL, *op. cit.*, 46 ss., 49: «Alla questione giuridica di quali atti amministrativi di polizia fossero esclusi dal controllo giudiziario, la Corte amministrativa prussiana diede in una sentenza del 10 novembre 1938 la seguente risposta: 1) tutti gli atti amministrativi compiuti direttamente dalla Gestapo; 2) tutti gli atti amministrativi delle

ma si estese finanche al controllo giurisdizionale esercitato dai tribunali civili e penali[85]. In questo modo, l'aggettivo "politico" finì per caricarsi di ogni significato possibile coincidendo, in ultima analisi, con quel che le istanze politiche avrebbero dichiarato essere tale. La sua sfera punitiva lambì, dunque, la relazione omosessuale tra due monaci, la diffamazione su un giornale di alcuni medici, l'autorizzazione a esercitare il commercio ambulante da parte di una simpatizzante dei Testimoni di Geova, l'opinione espressa sulle autovetture pubbliche e persino il rilascio di una patente di guida[86].

6. *Giudici e* Richterrecht *nella* Grundgesetz *del 1949*

Lo Stato tedesco sorto nel dopoguerra è – come afferma a chiare lettere la sua Legge fondamentale – uno Stato federale liberale, democratico e sociale[87]. Il ricono-

---

autorità di polizia ordinaria conformi a ordinanze *speciali* della Gestapo; 3) tutti gli atti amministrativi delle autorità di polizia ordinaria conformi a ordinanze *generali* della Gestapo; 4) tutti gli atti amministrativi che cadono nell'ambito di competenza della Gestapo».

[85] E. FRAENKEL, *op. cit.*, 50 ss. e 53 ss.

[86] Su questa giurisprudenza cfr. ancora E. FRAENKEL, *op. cit.*, 64 ss.

[87] V. spec. artt. 18 e 20, comma 1, GG; sulla «*freiheitliche demokratische Grundordnung*» della *Grundgesetz* cfr., per tutti, K. STERN, *Das Staasrecht der Bundesrepublik Deutschland. Grundbegriffe und Grundlagen des Staatsrechts, Strukturprinzipien der Verfassung*, I, 2. Aufl., München, 1984, 556 ss.; cfr. anche BVerfGE, 2, 1 ss., 12 s., ove si precisa che l'ordinamento liberale e democratico è un ordinamento che «*unter Ausschluss jeglicher Gewalt- und Willkürherrschaft eine rechtsstaatliche Herrschaftsordnung auf der Grundlage der Selbstbestimmung des Volkes nach dem Willen der jeweiligen Mehrheit und der Freiheit und Gleichheit darstellt. Zu den grundlegenden Prinzipien dieser Ordnung sind mindestens zu rechnen: die Achtung vor den im Grundgesetz konkretisierten*

scimento di detti elementi essenziali poggia sul presupposto che lo Stato e la società civile non possano essere intese come entità concettualmente separate[88], ovvero che l'antica tensione che entro lo Stato liberale borghese[89] animava il rapporto tra la sfera pubblica e quella privata, e che si risolveva in una sostanziale richiesta di astensione da parte dell'individuo nei confronti dello Stato-apparato, debba essere ora sciolta definitivamente[90]: l'intero sistema della *Grundgesetz* risulta organizzato intorno alla persona e alla dignità umana[91]; è la persona che

Menschenrechten, vor allem vor dem Recht der Persönlichkeit auf Leben und freie Entfaltung, die Volkssouveränität, die Gewaltenteilung, die Verantwortlichkeit der Regierung, die Gesetzmäßigkeit der Verwaltung, die Unabhängigkeit der Gerichte, das Mehrparteienprinzip und die Chancengleichheit für alle politischen Parteien mit dem Recht auf verfassungsmäßige Bildung und Ausübung einer Opposition»; cfr. anche BVerGE 5, 85 ss., 140; 44, 125 ss., 145.

[88] E.-W. BÖCKENFÖRDE, *Staat und Gesellschaft*, in *Staatslexikon Recht – Wirtschaft – Gesellschaft*, V, 7. Aufl., Freiburg, Basel e Wien, 1995, 228 ss., 229: «*Das Theorem von S. und G. erschien […] keineswegs mehr als selbstverständlich; es wurde und blieb begründungsbedürftig»*.

[89] Sia permesso ancora il rinvio a E. DI SALVATORE, *Appunti*, cit., 348 ss., 383 ss.

[90] Cfr. ad es. G. LEIBHOLZ, *Gesellschaftsordnung, Verbände, Staatsordnung* (1963), in ID., *Strukturprobleme der modernen Demokratie*, Frankfurt a.M., 1974, 326 ss.; H. H. RUPP, *Die Unterscheidung von Staat und Gesellschaft*, in *Handbuch des Staatsrecht der Bundesrepublik Deutschland – Grundlagen von Staat und Verfassung*, a cura di J. Isensee e P. Kirchhof, I, Heidelberg, 1987, 1187 ss.

[91] Art. 1 GG: «*Die Würde des Menschen ist unantastbar. Sie zu achten und zu schützen ist Verpflichtung aller staatlichen Gewalt»*; cfr. in proposito v. soprattutto G. DÜRIG, *Die Menschenauffassung des Grundgesetzes*, in *JR*, 1952, 259 ss.; ID., *Der Grundrechtssatz von der Menschenwürde. Entwurf eines praktikablen Wertsystem der Grundrechte aus Art. 1 Abs. I in Verbindung mit Art. 19 Abs. II des Grundgesetzes*, in *AöR*, 1956, 117 ss., ora entrambi in *Gesammelte Schriften 1952-1983*, Berlin, 1984, 27 ss. e 127 ss.; v. anche P. KUNIG, *Art. 1 (Würde des Menschen, Grundrechtsbindung)*, in *Grundgesetz – Kommentar*, a cura di I. v. Münch e P. Kunig, 1, 5. Aufl., München, 2000,

legittima il sistema e ogni azione dei pubblici poteri deve essere a essa indirizzata[92].

All'art. 1 GG si afferma che «al suo rispetto e alla sua protezione è vincolato l'esercizio di ogni potere statale» (comma 1) e che i diritti fondamentali enunciati solennemente di seguito «vincolano i poteri legislativo, esecutivo e giurisdizionale in quanto norme dotate di diretta efficacia» (comma 3)[93].

Sebbene, al pari di quanto sanciva l'art. 102 della Costituzione di *Weimar*, l'art. 97, comma 1, GG dichiari che «i giudici sono indipendenti e soggetti soltanto alla legge», i caratteri dell'attività giurisdizionale risultano ora sensibilmente mutati, in quanto direttamente collegati agli elementi che sostengono la rinnovata forma dello Stato. Entro questo contesto, anche il fondamento e i limiti del *Richterrecht*, lungi dal poter essere definiti alla stregua di una qualificazione ideale del potere giudiziario, devono essere ricavati alla luce della specifica *funzione* che l'ordinamento costituzionale assegna al giudice.

E invero, a una lettura più contenuta, volta a sottoli-

65 ss., ed ivi letteratura citata (119 ss.); E. DENNINGER, *Diritti dell'uomo e Legge fondamentale*, trad. it., Torino, 1998, 46 ss.

[92] E.-W. BÖCKENFÖRDE, *Staat und Gesellschaft*, cit., 231: «*In der Demokratie wird die Unterscheidung von S. und G. nicht Funktionslos oder überflüssig. Zwar gehört zur Demokratie, daß alle S.sgewalt vom Volk ausgeht (Art. 20 Abs. 2 S. 1) und insofern Subjekt und Objekt staatlicher Herrschaft nicht verschieden sind*».

[93] Secondo quanto normalmente si ritiene, queste disposizioni sancirebbero un diritto soggettivo («*ein subjektiv öffentliches Recht*»), un diritto di difesa ("*ein Abwehrrecht*"), un compito di protezione in capo allo Stato («*ein Schutzauftrag an den Staat*»): così H. HOFMANN, *Art. 1*, in *Kommentar zum Grundgesetz*, a cura di H. Hofmann e A. Hopfauf, 11. Aufl., Köln e München, 2008, 107 ss., 109.

neare la compatibilità dell'attività di perfezionamento del diritto da parte del giudice (*Rechtsfortbildung, Rechtsschöpfung*) con la struttura social-democratica dell'ordinamento, nonché a individuare conseguentemente i criteri cui la stessa soggiacerebbe[94], se ne oppone un'altra che, considerando il giudice quale *Sozialgestalter,* si propone di porre in evidenza come l'ordinamento costituzionale tedesco abbia inteso valorizzare al massimo l'ambito del *Richterrecht*[95].

Secondo *Otto Bachof,* l'estensione dell'attività del giudice discenderebbe, in special modo, da quanto previsto all'art. 20 GG, ove, dopo essersi dichiarato che «da sovranità dello Stato promana dal popolo, che la esercita mediante elezioni e votazioni, attraverso specifici organi legislativi, esecutivi e giurisdizionali» (comma 2), si prescrive che «il potere legislativo è vincolato al rispetto dell'ordinamento costituzionale, il potere esecutivo e il potere giurisdizionale al rispetto della legge e del diritto» (comma 3).

Con quest'ultima disposizione, in particolare, il Costituente avrebbe inteso affermare la prevalenza del «diritto» (*Recht*) sulla «legge» (*Gesetz*), quale conseguenza dell'idea che, entro la forma dello Stato disegnata dalla

---

[94] H. P. SCHNEIDER, *Richterrecht, Gesetzesrecht und Verfassungsrecht. Bemerkungen zum Beruf der Rechtsprechung im demokratischen Gemeinwesen,* Frankfurt a.M., 1969, 37 ss., il quale ricollega la legittimità del *Richterrecht* nel «*demokratischen Rechtsstaat*» al rispetto dei seguenti criteri: 1) *Legitimität;* 2) *Objektivität;* 3) *Rationalität;* 4) *Stabilität;* 5) *Kontinuität;* 6) *Publizität.*

[95] O. BACHOF, *Grundgesetz und Richtermacht,* Tübingen, 1959; in proposito v. anche G. ORRÙ, *Richterrecht,* cit., 37, ed ivi ulteriore letteratura citata.

Grundgesetz, la fonte legislativa e il Parlamento non manifestino più il significato che esprimevano nel vigore dello Stato liberale dell'Ottocento o anche in quello democratico del 1919. Tale perdita di "peso" della legge e dell'organo parlamentare rispetto agli altri atti e organi dello Stato deriverebbe, così, dall'aver voluto collocare i diritti fondamentali al centro del sistema costituzionale. In questa prospettiva, l'efficacia propria dei diritti costituzionali non si concreterebbe solo in una strenua difesa dall'ingerenza del potere esecutivo (*Abwehrrecht*) o in un obiettivo di natura programmatica che lo Stato sarebbe chiamato a realizzare[96]. Essi, ergendosi a parametro di legittimità dell'azione complessiva dei pubblici poteri, si configurerebbero, invece, quali *limiti* alla attività del legislatore e dell'Esecutivo. In questo senso, sul giudice graverebbe allora la responsabilità ultima non solo del rispetto dei diritti fondamentali, ma anche di una loro tutela attiva[97].

Questa conclusione, come si vede, contiene due distinte affermazioni, e cioè che compito del giudice è quello di esercitare un controllo di legittimità sull'operato del potere legislativo e – in ragione dell'intreccio di funzioni determinato dall'affermazione della forma di governo parlamentare[98] – del potere esecutivo; ma anche

---

[96] O. BACHOF, *op. cit.*, 19.
[97] O. BACHOF, *op. cit.*, 21.
[98] O. BACHOF, *op. cit.*, 15: «*Im parlamentarischen Regierungssystem mit seiner Abhängigkeit der Regierung vom Parlament, mit der gemeinsamen und gleichen Abhängigkeit beider von ein und denselben politischen Kräftegruppen, mit der weitgehenden Annäherung, Austauschbarkeit und Vermischung der Funktionen von Legislative und Exekutive beinhaltet und umschließt die Problematik einer richterlichen Kontrolle der Regierung*».

quello di correggere e individuare il diritto quando ciò sia necessario alla realizzazione dei contenuti materiali della Costituzione.

La prima affermazione trova conforto nella circostanza che il controllo di legittimità delle leggi è inerente alla struttura dello Stato democratico-pluralista. Da questo punto di vista, *Bachof* ricorda come, nonostante la *Grundgesetz* riservi detta competenza al *Bundesverfassungsgericht* e ai Tribunali costituzionali dei *Länder*, il giudice comune sia comunque competente a sindacare la legittimità delle leggi adottate anteriormente all'entrata in vigore della Carta costituzionale[99]. Inoltre, egli afferma che sullo stesso giudice grava un dovere di collaborazione con i Tribunali costituzionali[100]. L'esercizio di un compito siffatto costituisce senz'altro un progresso rispetto a quanto accadeva nel vigore del sistema costituzionale di *Weimar*, ove solo in un caso lo *Staatsgerichtshof für das Deutsche Reich* approdò effettivamente a una dichiarazione di illegittimità costituzionale[101]. Poiché la questione del controllo del-

---

[99] O. BACHOF, *op. cit.*, 18; v. in proposito BVerfGE 2, 124, 128 e 130 ss.; 66, 248, 254; 97, 117, 122; sul problema della «*Bestätigungswille*» dei contenuti delle «*vorkonstitutionelle Gesetze*» da parte del legislatore successivo, che sottrae detta competenza ai giudici comuni, v. BVerfGE 11, 126, 131 s.; 70, 126, 129 s.; 78, 77, 83; da questo punto di vista è appena il caso di ricordare che le leggi della *ex* DDR, che continuino ad avere vigore nello Stato federale tedesco, sono equiparate alle «*vorkonstitutionelle Gesetze*» e, pertanto, sono soggette al sindacato di legittimità dei giudici comuni (BVerfGE 97, 117, 122 ss.); il richiamo che l'*Einigungsvertrag* a esse effettua non può, infatti, intendersi come «*Bestätigungswille*» del legislatore attuale (BVerfGE 97, 117, 123 s.).

[100] O. BACHOF, *op. cit.*, 13 e 21.

[101] O. BACHOF, *op. cit.*, 16; è appena il caso di precisare, però, che il Tribunale costituzionale non era espressamente competente a esercitare alcun «*Normenkontrolle*»: né la Costituzione repubblicana, né la legge isti-

le leggi involge il piano della legittimità e non quello del merito delle stesse, ogni dubbio di compatibilità con il principio democratico e con quello di divisione dei poteri dovrebbe essere, in via di principio, fugato.

La seconda affermazione costituisce, invece, il punto maggiormente critico dell'approccio seguito da questa dottrina, in quanto essa è incline a ritenere che una attività "creatrice" del diritto sia – secondo quanto prescriverebbe l'art. 20, comma 3, GG – del tutto immanente alla struttura della forma dello Stato democratico, sociale e di diritto; in questa prospettiva, la Carta costituzionale autorizzerebbe, pertanto, non solo un controllo sull'azione dell'organo parlamentare, ma finanche una individuazione e correzione del diritto quando ciò sia necessario alla realizzazione della garanzia del «*Wertordnung*» costituzionale[102]. Entro quali limiti, però, non risulta affatto chiaro, atteso che l'intera problematica del *Richterrecht*, alla prova dei fatti, presenta sfumature assolutamente non trascurabili[103].

Al riguardo, infatti, si è soliti distinguere tra tre tipi di *Richterrecht*: *a)* quello concretizzante la legge; *b)* quello suppletivo della legge; *c)* quello correttivo o concorrente con la legge[104]. Nel primo caso (*a)*), il giudice è chiamato

---

tutiva del 9 luglio 1921 (v. *infra sub* nt. 46) attribuivano, infatti, a esso una competenza in tal senso: cfr. sul punto K. STERN, *Das Staatsrecht der Bundesrepublik Deutschland. Staatsorgane, Staatsfunktionen, Finanz- und Haushaltsverfassung, Notstandverfassung*, II, München, 1980, 972 ss., 974; sulla problematica più diffusamente C. SCHMITT, *Il custode*, cit., 78 ss.

[102] O. BACHOF, *op. cit.*, 18 e 20.

[103] Sui limiti della «*richterliche Rechtsfortbildung*» v. comunque BVerfGE 69, 369; v. anche BVerfGE 34, 288; 38, 396; 49, 318.

[104] Questa classificazione è effettuata da J. IPSEN, *Richterrecht und*

a definire concetti giuridici indeterminati, clausole generali, «*Blankettnormen*», ecc.[105]; in queste ipotesi lo stesso legislatore accorderebbe all'interprete un potere di determinazione delle fattispecie imprecisate o lasciate da esso volutamente in bianco; nel secondo caso *(b))*, invece, il giudice procede direttamente a una valutazione politica della questione posta alla sua attenzione, decidendo, con ciò, in ordine a «rapporti sociali non ancora giuridicamente qualificati»[106] (il problema si pone soprattutto con riferimento ad alcuni settori sensibili come quello del diritto al lavoro)[107]; il terzo caso *(c))* ricorre, infine, nell'ipotesi in cui il giudice intenda correggere o addirittura adottare una decisione *contra legem*. Sebbene talvolta il *Bundesgerichtshof* si sia spinto audacemente lungo questo crinale[108], detta possibilità è stata vivamente contestata da gran parte della dottrina, che, a dispetto di chi sosteneva che compito del giudice fosse quello di adeguare il diritto alla mutata realtà sociale[109], ha ritenuto o che ciò fosse assolutamente inammissibile o che una soluzione di questo tipo potesse profilarsi solo a fronte di una situazione di emergenza causata dalla stessa disciplina legislativa[110].

Verfassung, Berlin, 1975, 61 ss., sulla quale v. K. STERN, *op. cit.*, II, 584 ss.; G. ORRÙ, *op. cit.*, 45 ss.

[105] V. in proposito K. ENGISCH, *Introduzione*, cit., 167 ss.; sui c.d. "concetti-valvola" (*Ventilbegriffe*) v. K. G. WURZEL, *Das juristische Denken*, Wien, 1904; sui c.d. "mandati in bianco" (*Blankette*) v. invece P. HECK, *Das Problem der Rechtsgewinnung*, Tübingen, 1932; v. in proposito anche G. ORRÙ, *op. cit.*, 29.

[106] G. ORRÙ, *op. cit.*, 51.

[107] G. ORRÙ, *op. cit.*, 52.

[108] Cfr. la giurisprudenza citata da G. ORRÙ, *op. cit.*, 55, *sub* nt. 119.

[109] G. ORRÙ, *op. cit.*, 56.

[110] G. ORRÙ, *op. cit.*, 55.

Ora, quale che sia la prospettiva cui si ritenga di aderire, un punto dovrebbe comunque risultare chiaro, e cioè che una interpretazione dell'art. 20, comma 3, GG non può essere estesa fino al limite di ritenere che la prevalenza del «diritto» sulla «legge» possa concretarsi in una prevalenza della giustizia "materiale" sul diritto positivo[111]. Una interpretazione di questo tipo – che postulasse la possibilità del ricorso a valori di carattere morale, etico o comunque derivanti dal c.d. diritto naturale[112] – sarebbe, infatti, contraddetta dalla circostanza che la stessa *Grundgesetz*, implicitamente o espressamente[113], annoveri il principio dello *Stato di diritto* tra i principi fondamentali che caratterizzano strutturalmente la forma di Stato adottata[114]. La tesi di *Bachof*, tuttavia, sembrerebbe procedere esattamente in senso contrario[115], finendo per scambiare, in verità, la questione del rifiuto del *Gesetzespositivismus* da parte della Legge fondamentale con il diverso problema

---

[111] La dottrina più autorevole ritiene, infatti, che il riferimento al «*Recht*» di cui all'art. 20, comma 3, GG sia unicamente al diritto positivo diverso dalla legge (cfr. per tutti K. STERN, *op. cit.*, II, 582 s.) e, quindi, comprensivo anche del diritto consuetudinario e dei principi generali del diritto (V. H. HOFMANN, *Art. 20*, in *Kommentar*, cit., 634 ss., 678); la qual cosa, comunque, non implica di per sé finanche una prevalenza del «diritto» sulla «legge».

[112] Questa lettura è seguita, tra gli altri, da K. ENGISCH, *Introduzione*, cit., 282: «Questa formulazione, anche con l'aggiunta «e al diritto», indica, al di là della legge, il diritto ultralegale».

[113] Cfr. art. 28, comma 1, GG.

[114] V., tra le primissime pronunce, BVerfGE 2, 307, 319; 6, 41; 7, 92; 11, 72.

[115] Da questo punto di vista, infatti, l'utilizzo continuo di espressioni quali «*Wertsystem*», «*etische Wertordnung*», «*Wertbegriffe*», ecc., rendono assolutamente ambigua la posizione assunta dall'Autore.

del rifiuto del diritto positivo[116].

Il fatto che i diritti fondamentali si ergano a parametro di legittimità dell'azione dei poteri dello Stato (art. 1, comma 3, GG) e che il giudice sia chiamato ad applicare non solo la legge, ma anche il «diritto» (art. 20, comma 3, GG), se per certo tradisce una chiara opzione di fondo della Carta costituzionale che si traduce in una manifestazione di sfiducia nel ruolo egemone della legge e in una rinnovata fiducia nel ruolo del giudice[117], non può voler significare altresì che l'interprete resti autorizzato a ricercare i fondamenti irrazionali che hanno sostenuto o sostengono l'ordinamento in opposizione a scelte e criteri di assoluta razionalità[118]. Una conclusione di questo tipo, infatti, urterebbe contro il principio della divisione dei poteri[119], in quanto presupporrebbe non solo che il giudice decida «quando è vincolato alla legge e quando, richiamandosi al diritto, è libero dal vincolo della legge» ([120]), ma anche che cosa debba intendersi esattamente con la parola "diritto".

---

[116] O. BACHOF, *op. cit.*, 23.

[117] O. BACHOF, *op. cit.*, 26.

[118] E. FORSTHOFF, *Il vincolo della legge ed al diritto (art. 20 comma 3 GG)* (1959), in ID., *Stato di diritto in trasformazione*, trad. it., Milano, 1973, 235 ss., 240.

[119] Ma l'obiezione è respinta da O. BACHOF, *op. cit.*, 36 s.

[120] E. FORSTHOFF, *op. cit.*, 244.

Appendice

Ernst Jünger *e la questione dello Stato mondiale*

1. Ci sono libri, come quello di *Ernst Jünger*[1], che sanno sorprendere, disorientare il lettore: il problema non è decidere da che parte stare, ma sapere dove andare. Più ragioni portano allo smarrimento: uno stile compatto e senza fenditure, che non dà modo al pensiero di incunearsi; un linguaggio rapsodico che, con largo uso di figure retoriche, tende più ad affermare che ad argomentare. A suggerire più che a enunciare. Cosicché, se talvolta si resta meravigliati per le scarne espressioni utilizzate, talaltra ci si turba per il non detto. Per un taciuto che frequentemente diviene ambiguità e che già solo per questo parrebbe assicurare al suo autore l'immortalità della propria idea. Eppure sarebbe ingeneroso fermarsi qui. Il più delle volte il non-pensiero apre, infatti, alla visione, a una penetrante e fruttuosa immaginazione, che ci porta a dire quel che di *Shakespeare* già pensava *Montale*: e cioè che in *Jünger* «un albero è veramente sufficiente a creare una foresta».

Nel suo libro, *Ernst Jünger* scrive che lo Stato, in quanto *status*, «corrisponde strettamente allo stare o al suo sussistere»[2]. Questa affermazione non deve trarre in inganno. *Jünger* non è un giurista e con il suo saggio vuol porre in luce l'aspetto più propriamente fenomenologico

[1] E. JÜNGER, *Lo Stato mondiale. Organismo e organizzazione* (1960), trad. it. Parma, 1998.
[2] E. JÜNGER, *Lo Stato mondiale*, cit., 26.

dello Stato: il suo volto vivo, che, al di là di ogni lettura deterministica dello storia, ha da sempre tratto alimento dalla libertà. Nello Stato – assicura *Jünger* – si riassume tutta la potenza dell'uomo; in esso confluiscono le sue forze. A conferma di ciò starebbero le statue erette «nell'agorà, nel foro, nelle grandi piazze rinascimentali e barocche»; così come taluni simboli del dominio, quali la corona e lo scettro. E persino l'inno o la bandiera, che, sebbene con altri presupposti, nella dottrina integrazionista di R. *Smend* già tendevano all'inclusione in funzione della conservazione[3].

Da tempo, tuttavia, le forze dell'uomo si sono indebolite e non fondano più la storia. L'uomo è in movimento e anche lo Stato lo è: questo vive di grandi spazi e si fa smisurato. È chiaro che in un mondo «che si muove accelerando» non vi sono statue da erigere; e anche i simboli non esprimono più staticità, ma dinamicità. «Sono le punte lanciate nel moto più veloce e potente» – dichiara *Jünger*. «Sono i veicoli spaziali e quella punta estrema raggiunta dal mondo che va costituendosi»[4].

Qui – è bene precisarlo – il movimento non è elemento di un'organizzazione politica a fondamento tripartito[5]. Non può esserlo perché si sottrae al libero volere e al rapporto di causalità, che connette i fatti storici tra loro. Quel che conta – e che solo lascia intravvedere il movimento e la sua corsa verso lo Stato mondiale – è l'azione finale. Ciò che porta lo scrittore a dire che il presente

---

[3] R. SMEND, *Costituzione e diritto costituzionale* (1928), trad. it., Milano, 1988.

[4] E. JÜNGER, *Lo Stato mondiale*, cit., 33.

[5] Ove lo Stato è la «parte politica statica» e il movimento «d'elemento politico dinamico»: C. SCHMITT, *Staat, Bewegung, Volk. Die Dreigliederung der politischen Einheit*, Hamburg, 1933, 12.

non è da intendere quale conseguenza (di quel che è stato), ma «quale segno premonitore di qualcosa che sta per sopraggiungere»; e che, però, travolge tutto: i concetti storici così come il diritto[6]. Per questo gli è agevole anche affermare che «la conoscenza storica non dispone più degli strumenti per darne conto»[7].

2. La tesi che a *Jünger* preme sostenere (e che, in realtà, corrisponde a una sua non troppo remota anarchica speranza)[8] è che nello Stato mondiale si realizzerà l'emancipazione dell'organismo dall'organizzazione. L'uomo ha nutrito da sempre una certa diffidenza nei confronti dello Stato. Il singolo e la comunità (cui il singolo naturalmente appartiene) sono esposti alla potenza dello Stato e ne subiscono costantemente la minaccia. *Jünger* concepisce la società come organismo (naturale) e contrappone a essa l'organizzazione. Al pari di quanto accade in altre specie viventi, anche nella specie umana se si fa più stringente l'organizzazione aumenta la sicurezza, ma diminuisce la libertà: «Se tra gli insetti sociali l'ordinamento e la divisione del lavoro dà incremento all'economia in misura tale da rendere possibile l'accumulo di scorte di cibo, tale ricchezza è acquisita al prezzo di sorprendenti sacrifici»[9].

---

[6] E. JÜNGER, *Lo Stato mondiale*, cit., 37 s., 44.

[7] E. JÜNGER, *Lo Stato mondiale*, cit., 44.

[8] E. JÜNGER, *Oltre la linea* (1949), in E. JÜNGER-M. HEIDEGGER, *Oltre la linea*, trad. it., VI ed., Milano, 2004, 49 ss., 81: «L'enormità delle forze e dei mezzi porta a concludere che ormai è in gioco il tutto. A questo si aggiunge l'uniformità dello stile. Tutto ciò rende necessario lo Stato mondiale. [...] Questo è un primo barlume di speranza».

[9] E. JÜNGER, *Lo Stato mondiale*, cit., 48.

Il parallelo tracciato da *Jünger* si arresta, tuttavia, qui, in quanto «man mano che si sale a livelli più evoluti nel regno animale, la costruzione degli Stati sembra farsi più rara»[10].

Nella loro struttura elementare – afferma ancora l'eminente scrittore – l'organizzazione può dirsi connessa con la vita; non primariamente, bensì nei limiti in cui essa agisce spontaneamente sullo *status* biologico degli esseri viventi: «Se questa tendenza si chiama volare o nuotare, compaiono ali e pinne, oppure queste vengono trasformate in modo geniale, nel senso che le ali diventano pinne, come negli alcidi o nei pinguini, o le pinne diventano ali, come nei pesci volanti»[11].

Ebbene, nella specie umana, il cui *proprium* è la libertà del volere, l'organizzazione appare un fatto artificiale, che giustifica la resistenza biologica. Spesso inutilmente. Una prospettiva più darwinistica che organicistica dello Stato, come si vede; che porta *Jünger* a chiedersi se il toro chieda davvero l'aratro e se il popolo voglia davvero lo Stato: «Chi vuole esercitare un dominio deve certamente pensarla così, ma nell'universo si può osservare in maniera altrettanto evidente una tendenza a sottrarsi a tale dominio». Eppure *Jünger* è convinto che la nascita dello Stato mondiale decreterà la morte dello Stato "storico"; e che in esso l'uomo ritroverà la sua purezza primordiale, la sua libertà. Una libertà che è assenza del padre[12]; realizzazio-

---

[10] E. JÜNGER, *Lo Stato mondiale*, cit., 50.

[11] E. JÜNGER, *Lo Stato mondiale*, cit., 65.

[12] Cfr. W. KAEMPFER, *Ernst Jünger*, trad. it., Bologna, 1991, 75: «Jünger rappresenta come processo mitico "oggettivo" ciò che in realtà dobbiamo leggere come un attacco contro il padre».

ne di un'antica e illibata determinazione[13]; cessazione delle ostilità, che rende vano il passaggio dell'uomo al bosco (*Waldgang*)[14]. In questo senso, lo Stato mondiale realizzerebbe una nuova qualità, più che un'estensione territoriale della sua organizzazione: «Quando lo Stato era un'eccezione, quando era insulare, o unico nel senso dell'origine, gli eserciti combattenti erano superflui, stavano al di fuori dell'immaginazione. La stessa situazione deve presentarsi dove lo Stato diventa unico in senso finale. Allora l'organismo dell'uomo, nel senso di ciò che è autenticamente umano, potrà manifestarsi nella sua purezza, libero dalla costrizione dell'organizzazione»[15].

3. Nel suo celebre *Principii di diritto costituzionale generale*, *Santi Romano* definisce lo Stato una «istituzione»: un'unità «ferma e permanente», che «assorbe gli elementi che ne fanno parte e che è superiore e preordinata così agli elementi stessi come alle loro relazioni, in modo che non perde la sua identità, almeno sempre e necessariamente, per singole mutazioni di tali elementi»[16].

Lo Stato, come si vede, è per il giurista un'organizzazione di tipo statico; dinamico è il suo ordinamento giuridico. Diversamente da *Jünger*, il giurista è tra-

---

[13] E. JÜNGER, *Lo Stato mondiale*, cit., 73 s.: «L'anarchico nella sua forma pura è colui che riesce a risalire con la memoria a estreme lontananze: a tempi preistorici, anteriori anche al mito. Egli crede che in quel tempo l'uomo abbia realizzato la sua determinazione autentica. Egli vede questa possibilità anche per l'esistenza attuale dell'uomo, e ne trae le sue conseguenze».

[14] E. JÜNGER, *Trattato del ribelle* (1951), trad. it., Milano, 1990.

[15] E. JÜNGER, *Lo Stato mondiale*, cit., 80.

[16] S. ROMANO, *Principii di diritto costituzionale generale*, II ed., Milano, 1947, 47.

dizionalmente incline ad analizzare non l'aspetto fenomenologico dello Stato, ma i caratteri del suo "stare", del suo "sussistere". Un mutamento dei principi di struttura che caratterizzano lo Stato, e che ne connotano storicamente la forma, non sembra minare questo presupposto. Allo stesso modo, un mutamento degli elementi costitutivi dello Stato (l'ampliamento o la riduzione del territorio e del popolo dello Stato, così come la condivisione della propria potestà di imperio con organizzazioni internazionali o europee) non pare incidere sulla sua sovranità. Quanto, però, questa premessa sia perfettamente coerente con lo Stato mondiale di *Jünger* è difficile da dire, atteso che un'idea siffatta non contraddirebbe a valle soltanto il mantenimento del diritto internazionale, ma smentirebbe a monte la stessa possibilità di predicare l'esistenza dello Stato. Se si esce dalla prospettiva che anni orsono la dottrina pura del diritto ha ritenuto di dover abbracciare, questa idea, infatti, urta immediatamente contro l'insegnamento impartito dalla dottrina classica dello Stato ovvero contro taluni punti fermi da essa fissati negli studi dedicati al tema[17].

In via del tutto ipotetica, invero, nulla impedirebbe che i c.d. elementi costitutivi dello Stato si confacciano a uno Stato che voglia dirsi autenticamente mondiale: non certo quello territoriale (*Staatsgebiet*), in quanto, in questo caso, esso finirebbe con il coincidere con l'intera superficie del pianeta, e nemmeno quelli di imperio (*Staatsgewalt*) e di popolo (*Staatsvolk*), posto che ben potrebbe la potestà di governo essere esercitata nei confronti dell'umanità intera, intesa quale soggetto unitario di diritti e di doveri.

---

[17] G. JELLINEK, *La dottrina generale del diritto dello Stato* (1900), trad. it., Milano, 1949, 11 ss., 21 ss., 37 ss.

Una prospettiva siffatta trascurerebbe, invece, un dato fondamentale, e cioè che i tradizionali elementi costitutivi dello Stato non esprimono un significato di natura solo formale, in quanto si collegano a un concetto storico-giuridico non facilmente obliterabile: quello di nazionalità. Ciò a prescindere, si intende, dalla forma di Stato storicamente affermatasi, giacché, sebbene la classificazione tipologica dello Stato costituisca una mera convenzione scientifica, resta incontrovertibile che il concetto di nazionalità – trasfiguratosi ora nella sovranità del monarca, ora in quella del popolo – rappresenti un fattore ineliminabile per aversi uno Stato.

4. Secondo *Jünger*, alla comparsa dello Stato mondiale corrisponderà la scomparsa dello Stato "storico", in modo tale che «la conoscenza storica non [disporrà] più degli strumenti per darne conto»[18]. Questa affermazione risulta, invero, del tutto ambigua; e intesa alla lettera si pone in evidente frattura con l'insegnamento kantiano, teso, com'è noto, a mantenere distinto il piano delle categorie da quello dei concetti empirici.

Per *Kant*, com'è noto, le "categorie" si configurano quali "concetti puri" dell'intelletto, che soli renderebbero possibili i giudizi di esperienza[19]. Ogni categoria esprimerebbe una necessità assoluta del processo epistemologico, e cioè si legherebbe per definizione alla percezione che si ha del fenomeno, prescindendo dalla possibilità della sua

---

[18] E. JÜNGER, *Lo Stato mondiale*, cit., 44.
[19] I. KANT, *Critica della ragion pura* (1781), trad. it., Roma-Bari, 2005, Parte II, Log. trasc., I. Anal. trasc., Lib. I, Cap. II, Sez I, § 10, 94 ss.; ID., *Prolegomeni ad ogni futura metafisica che potrà presentarsi come sicenza* (1783), trad. it., III ed., Roma-Bari, 2006, § 39, 159 ss.

dimostrazione empirica. Stando alle parole di *Jünger*, invece, l'impossibilità della dimostrazione empirica – determinata dal nuovo che sopraggiunge – priverebbe l'interprete della stessa possibilità di utilizzare gli strumenti conoscitivi. Questa impostazione è non solo ambigua, ma – a questo punto – anche poco condivisibile. Nel campo proprio della scienza giuridica il problema è stato affrontato, tra gli altri, da R. *Stammler*[20] e *J. Binder*[21], sebbene un contributo decisivo alla sua risoluzione sia stato fornito da *H. Kelsen*, il quale ha efficacemente dimostrato come l'interpretazione del sistema normativo non muova affatto dal rapporto di causalità, ma dal principio di imputazione[22].

Su queste basi, è possibile sostenere che l'analisi storico-giuridica dello Stato – di ogni Stato[23] – non è da svolgere in modo retrospettivo, e cioè considerando le condizioni storiche che hanno reso possibile la sua concreta formazione, bensì – una volta che si ammetta una rottura della continuità dell'ordinamento giuridico – sulla scorta di quel che stabilirà il nuovo sistema normativo. E poco importa se non vi sarà alcuna razionalizzazione del diritto dello Stato, se esso, cioè, vivrà di inediti costumi e di sconosciuti poteri: il diritto non è mai forza bruta, né magia. E però – diversamente da quel che vorrebbe *Jünger* – neppure anarchia.

---

[20] R. STAMMLER, *Theorie der Rechtswissenschaft*, Halle, 1911, 190 ss.

[21] J. BINDER, *Rechtsbegriffe und Rechtsidee. Bemerkungen zur Rechtsphilosophie Rudolf Stammlers*, Leipzig, 1915, 1 ss.

[22] H. KELSEN, *Causalità e imputazione* (1950), in ID., *Lineamenti di dottrina pura del diritto*, trad. it., Torino, 1952, 207 ss.

[23] G. BALLADORE PALLIERI, *Dottrina dello Stato*, II ed., Padova, 1964, 4: «Lo Stato […] è un concetto storico e null'altro che un concetto storico».

Ragion per cui, se si prescinde dalle considerazioni critiche svolte più sopra, deve qui riconoscersi che, una volta che si postuli un ritorno alla purezza primordiale dell'organismo e si neghi, con ciò, la possibilità stessa del diritto, lo Stato mondiale semplicemente *non è*, *non esiste*.

Stampato per conto della Galaad Edizioni
presso Global Print s.r.l., Gorgonzola (MI)
nel mese di dicembre 2013